KB175980

이별 약국

이별 약국

신민재 지음

이담북스

지금 이 순간에도 수많은 사람들이 이별 후 정신적인 고통을 겪고 있습니다. 이별의 아픔은 지독한 감기와 같습니다. 감기는 바이러스이기에 직접적인 치료제가 없지만 우리는 약국에서 열을 내려주고 통증을 완화해주는 약을 복용합니다. 이와 같이 이별도 직접적인 치료제는 없지만 조금이라도 덜 아프게, 그리고 당신의 마음의 상처가 좀 더 빨리 아물 수 있도록 이 책을 통해 공감과 위로를 담았습니다.

이별은 온전히 혼자 이겨내야 하는 고독한 아픔입니다. 누군가 위로와 격려를 해준다고 해도 내 마음을 100% 이해해줄 수 있는 사람은 없습니다. 이별은 시도 때도 없는 아픔이 계속 찾아와 나에게 고통을 줍니다. 필자 또한 이별 후 심한 정신적 고통으로 힘들게 지냈던 시절이 있었습니다. 모든 것을 잃은 것 같은 막막함과 힘든 하루를 버텨내면서 삶이 피폐해진 고통 속의 나날이었습니다. 힘든 하루 속에서 문득 들었던 생각은 이별이 이렇게나 힘들고 아픈 일인데 아무도 주변에서 나의 아픔을 진심으로 공감해주고 도와주는 사람은 없구나 하는 생각이 들었습니다. 이별의 아픔은 상대를 얼마나 사랑했느냐에 따라 깊이와 아픔이 다르기에 헤어진 당사자가 아니면 절대 그 아픔을 헤아릴 수 없습니다. 그렇기 때문에 아무리 주변에 하소연을 해봐도 듣는 사람의 입장에서는 누구나 하는 평범한 이별이라고 느낄 수밖에 없기에 대수롭지 않게 위로해주는 경우가 많습니다. 그 당시의 필자는 난 정말 죽을 만큼 힘든데 이 아픔을 이해하고 극복해야 할 사람은 결국 나 혼자구나라는 것을 깨닫게 되면서 세상에 홀로 남겨진 기분과 답답한 마음을 경험했습니다. 그 당시에는 너무 힘들다 보니 누군가에게 공감이나 위로를 통해 빨리 이별을 극복하고 싶어서 그런 책이라도 있다면 지푸라기라도 잡는 심정으로 읽어보고 싶었지만 아무리 찾아봐도 크게 도움이 될 만한 것이 없더군요. 그것이 바로 이 책을 쓰게 된 이유입니다. 저의 경험이 누군가에게는 작은 위로와 공감이 되었으면 좋겠습니다.

　이별 후 하루를 버텨내기 위해 무엇이든 의지하고 싶고 절박한 마음을 가졌었던 필자처럼 지금도 이별에 힘들어하는 사람들을 위해서 조금이나마 답답한 마음을 위로하고자 합니다. 이별 후 누구에게도 털어놓지 못하고 혼자 슬퍼하며 하루를 버텨내고 있는 당신을 위해 아픔이 치유될 때까지 이겨낼 수 있는 동반자가 되어 주고 싶습니다. 헝클어진 마음을 혼자 애써 추스르기보다는 이미 같은 아픔을 겪은 누군가가 먼저 손을 잡아주며 걸어간다면 당신의 아픔과 불안감이 지금보다는 덜해질 거라고 생각합니다. 이별에 힘들어하며 의지할 곳도 없는 당신에게 작게나마 이렇게 희망의 손을 내밀어주고 싶습니다. 아직 당신의 마음은 이별의 아픔 속에 머물고 있지만 머지않아 다시 행복할 날이 기다리고 있으니 슬픔에 좌절하지 말고 힘을 냈으면 좋겠습니다.

 이별 후에 매일 아침 눈뜨는 것이 무섭고 헤어졌다는 현실에 가슴이 철렁 내려앉는 마음을 누구보다 이해합니다. 혹은 사랑에 배신을 당해 분노와 슬픔을 동시에 겪고 있는 분도 있을 겁니다. 지금 무척이나 힘든 시간을 보내고 있을 당신에게 이 책이 작은 위로가 되었으면 합니다.

Chapter 2

당신에게 전하는 위로

11. 이별, 선택 그리고 나라는 존재   · 48

12. 이별을 극복하는 법에 대하여   · 51

13. 내 마음 다독여주기   · 54

14. 아직도 슬픔에 가슴이 저릿해   · 57

15. 이별의 이유는 서로 인연이 아니었음을   · 60

16. 아무것도 하고 싶지 않아   · 62

17. 내가 건넨 이별, 네가 건넨 이별   · 64

18. 배신감에 너무 화가 날 때   · 66

19. 어두운 터널에도 분명 끝이 있다   · 70

20. 힘들고 지친 당신에게 하고 싶은 말   · 73

Chapter 3 이별의 수용

Chapter 4 마음 정리

Chapter 1

상실의 이해

1

상실의
5단계 과정

우리는 상실이라는 감정을 수용하기 위해서는 5단계의 과정을 거치게 된다. 상실을 겪었을 때의 아픔을 온전히 수용하기까지 이러한 과정을 겪는다는 것을 정확히 알고 있어야 객관적으로 나의 상태를 알고 극복할 수 있다.

* 1단계: 부정
* 2단계: 분노
* 3단계: 타협
* 4단계: 우울
* 5단계: 수용

처음에는 누구나 상실이라는 슬픔을 온전히 받아들이지 못한다. 믿을 수 없는 현실을 부정하고 절대 인정하지 않는다. 상실을 받아들이기엔 내 마음이 너무 아프기 때문에 그 사실을 회피하고 싶어 한다. 이별의 슬픔은 정신적으로 너무나 충격적이고 큰 고통이기에 눈에 보이지는 않지만 심장을 도려내는 것과 같은 통증을 느낀다. 사실 눈에 보이는 육체적인 상처보다 더 아픈 것이 바로 상실의 고통이다. 이별하게 되면 평소 내가 가졌던 모든 욕구가 사라지고, 식욕도 전폐하며 힘듦을 겪게 되는 것은 어찌 보면 당연한 것이다. 그렇게 현실을 부정하며 상실의 고통이 크게 다가오는 순간 문득 분노라는 마음이 찾아온다.

받아들일 수 없는 현실과 극심한 심적 고통이 분노라는 마음을 싹트게 만든다. 처음엔 "왜 내가 이런 고통을 겪어야 하는 거지?"라는 생각이 들고, 배신감과 분노의 감정도 싹트게 된다. 이별의 과정에서 분노의 과정을 이성적으로 극복하지 못하게 되면 헤어짐을 통보한 연인에게 폭력을 행사하거나 반강제적인 행동으로 헤어지지 못하게 위협을 가하는 범죄를 저지르는 우를 범할 수 있다. 그래서 우리는 상실의 과정을 이성적으로 이해하고, 분노는 아주 자연스러운 감정이라는 것을 받아들여야만 한다. 그 사람이 배신을 하거나 당신을 두고 바람을 피웠더라도 이젠 남일 뿐이다. 같은 고통으로 돌려줘야 한다는 복수심은 아무런 의미가 없다. 어차피 그 사람은 자신과 비슷한 사람을 만나 당신이 복수하지 않더라도 분명 되돌려받게 되어 있다. 쓰레기 같은 사람을 만났다면 지금이라도 빨리 헤어졌음에 감사하자. 당신은 더 나은 사람을 만날 수 있는 능력과 자격이 있다.

살다 보면 당신의 잘못이 아닌데도 불구하고, 일방적인 이별을 통보받거나 상대가 바람을 피워 당신을 배신하고 떠나버리는 경우가 있다. 혹시나 정말 참을 수 없는 분노와 배신감에 치를 떨고 있다면 필자가 하는 말을 잘 들어주길 바란다. 아마 전 연인이 환승 이별을 했거나, 바람을 피웠거나 당신에게 큰 상처를 주고 떠났다면 잠도 못 자고, 별의별 상상이 들면서 괴로운 하루를 보내고 있을 거라 생각한다. 하지만 바람 피운 상대가 정말 죽이고 싶을 정도로 화가 나더라도 참도록 해라. 참는 것이 최고의 복수이다. 사람은 결국 끼리끼리 법칙이 존재한다. 그런 사람들끼리 만나봐야 절대 좋은 결말이 생길 수가 없다. 한번 바람 피운 사람은 다음번에도 바람을 피울 확률이 높다. 사람은 절대 고쳐 쓰는 것이 아니다. 그렇기 때문에 지금이라도 다른 이성을 만날 수 있는 선택의 기회가 생긴 당신은 오히려 운이 좋은 것이다. 그리고 만약 상대가 당신을 진심으로 사랑한 사람이었다면 바람을 피우는 행위는 절대 하지 않았을 것이다. 아마 상대방은 술에 취했든, 실수든 온갖 변명을 하며 당신을 붙잡을 수 있겠지만 사실 한번 깨진 신뢰는 그대로 끝이다. 진짜 사랑하는 사람이었다면 그런 말도 안 되는 실수는 하지 않는다. 당신은 아직 사랑하는 마음이 남아 있어서 상대를 용서할 수도 있겠지만 깔끔하게 이별하는 것이 당신이 할 수 있는 최고의 선택이다. 다시 붙잡아도 이미 금이 가버린 신뢰는 절대 이전으로 돌아오지 않으며 같은 이유를 되풀이하며 더 큰 상처를 받고 헤어질 확률이 높다. 상대가 바람을 피웠다면 당장은 힘들더라도 이별을 택하는 것이 시간이 지나서 객관적으로 과거를 돌아봤을 때 헤어졌다는 선택이 옳았다는 것을 알게 될 것이다. 그러니 마음 약해지지 말고 아닌 것은 확실히 끊어내자.

분노의 감정이 지나가면 이제 타협이라는 단계를 거치게 된다. 지금의 현실을 받아들여야 하는 고민을 하게 되고, 더 이상 부정해봐야 본인에게 얻을 건 아무것도 없다는 사실을 점점 깨닫게 된다. 한번 마음이 돌아선 사람에게 희망을 걸어봐야 스스로만 더 힘들어질 뿐이다. 현실을 직시하고 "지금껏 내가 사랑했던 그 사람을 만나기 전으로 돌아가야지."라는 고민도 하게 된다.

이러한 타협의 마음이 생기면 현실을 받아들여야 하는 사실에 우울함이 찾아온다. 그 사람과의 추억과 좋은 시간들이 떠오르고, 그 시간을 과거로 묻어주고 보내준다는 것에 큰 슬픔을 느낀다. 하지만 마음속에는 보내주는 것이 맞다고 조금씩 받아들이게 된다. 상실에 있어서 슬픔은 마치 친구와 같다. 슬픔 없는 상실은 없기 때문이다. 항상 같이 있을 거라고 생각했던 무언가가 사라진다면 그 공허함은 이루 말할 수 없다. 우울한 감정이 당분간 지속되겠지만, 이는 이별에 있어서 자연스러운 감정이기 때문에 회피하거나 부정하지 말자. 그 감정을 느끼는 것은 절대 잘못된 것이 아니다. 오히려 슬픈데도 억지로 웃으려고 노력하는 것이 감정적으로 더 힘들어지게 된다. 온전히 슬픔을 받아들이고, 자신의 감정에 솔직해지자. 슬픔을 있는 그대로 받아들이고 후련하게 털어내는 것이 좋다. 상실의 아픔은 지나가는 비바람과 같은 것이기에 어차피 나에게 다가올 거라면 피하지 말고 정면으로 맞이하자. 결국 비바람은 시간이 지나면 지나가게 되어 있다. 상실이라는 것은 아픔의 과정을 반드시 동반하는 감기 같은 것이기에 조금 아프더라도 결국엔 낫게 되어 있으니 조금만 참아내자는 마음을 가져보자.

이러한 슬픔의 과정을 충분히 거치고 나면 결국 이별을 온전히 수용할 수 있는 마음 상태를 가질 수 있게 된다. 처음에는 이별의 아픔을 어떻게 해야 할지 몰라서 아픔에 허우적거렸다면 이제는 아픔의 상처가 어느 정도 아물고 마음의 여유가 생기게 된다. 기억 속에서는 아직 그 사람이 남아 있고, 완전하게 치유된 것은 아니지만 당신은 이별을 충분히 수용했기 때문에 어느 정도 아픔을 극복한 상태가 된다.

우리는 만남과 이별이 항상 공존한다는 것을 알고 있다. 하지만 만남의 단계에서 이별의 아픔을 먼저 걱정하고 생각하는 사람은 없다. 결국 이별하고 난 뒤에야 "이렇게 아플 줄 알았더라면 차라리 만나지 말걸 그랬어."라는 생각을 하게 되니까 말이다. 이별의 큰 아픔을 겪고 난 사람들은 다시 새로운 이성을 만나는 것에 대해 굉장히 조심스럽고 경계하는 경우가 많다. 그만큼 만남에 있어서 신중해졌다는 것을 의미하기도 하며 이성을 보는 관점과 기준이 이전과는 달라졌을 것이다. 또다시 과거에 겪은 이별의 아픔을 되풀이하고 싶지는 않기 때문이다.

필자가 상실의 5단계 과정을 설명한 이유는 객관적으로 나의 감정 상태를 이해해야 극복하기에 수월하기 때문이다. 내가 차를 타고 어떠한 목적지로 이동하고자 하는데 현재 위치가 어디인지도 모른 채 가는 것은 목적지까지 얼마나 시간이 소요되는지도 모르고 아무런 정보가 없기에 심리적으로 불안한 마음이 가중될 수 있다. 하지만 내 현재 상태와 감정적인 단계를 알고 조금씩 극복하고자 한다면 조금 더 안정적으로 이별을 극복할 수 있다. 이별의 아픔은 절대 본인이 나약하거나 정신력이 약해서 극복하지 못하는 것이 아니다. 사랑했던 만큼 이별이 아프고 힘든 것이 자연스러운 것이다. 예전처럼 밝고 건강하게 그리고 이전의 나보다 더 성숙해진 모습으로 변화할 수 있기를 진심으로 응원한다.

2

앞으로 나는
어떻게 살아야 해

　이별의 아픔이 현실로 다가오게 되면 정말 견디기 힘들 만큼 소용돌이치는 감정들이 한꺼번에 밀려온다. 어제까지만 해도 연락을 주고받으며 익숙했던 나의 연인이 한순간의 사건으로 관계가 끝나버렸다면 허무함과 공허감이 본인의 감정을 지배하게 된다. 그 사람과 함께하는 미래를 항상 꿈꿔왔는데 그 사람이 없는 미래를 혼자 걸어야 한다는 사실이 믿을 수가 없다. 나를 챙겨줬던 그 사람의 배려, 웃어줬던 미소, 선명하게 남은 그 사람의 흔적들이 더욱 가슴 아프게 느껴진다. 이러한 아픔을 당장 받아들이기는 어렵다. 그렇다고 내가 마음먹는다고 해서 내 뜻대로 기억을 없애버리는 방법도 없다. 상실의 감정은 온전히 내 마음이 회복돼야만 극복할 수 있기 때문이다.

　우리는 누군가와 이별하고 혼자가 되는 감정을 느끼는 것은 살면서 꼭 겪어야 하는 인생의 한 페이지와 같다. 당신은 태어날 때부터 연애를 한 번만 하기로 결심한 것이 아닐 것이고 그건 상대방도 마찬가지일 것이다. 인생은 슬픔만 존재하는 것도 아니고, 행복만 존재하는 것도 아니다. 희로애락이 서로 공존하는 다양한 에피소드가 담긴 당신만의 이야기이다.

이별한 뒤 슬픔의 감정이 너무나 큰 상태에서는 자신의 현실을 객관적으로 파악하고 받아들이기가 힘들다. 이 당시에는 모든 현실과 상황들이 너무 가혹하고 힘들게만 느껴질 것이다. 하지만 모든 것은 계절과 같다. 봄이 가면 여름이 오고, 또 한 계절을 지나 가을이 오고, 겨울이 오듯이 이러한 변화는 너무나 자연스러운 일이다. 사랑도 이별도 그렇게 계절처럼 자연스럽게 흘러가는 것이 인연이다. 그러니 너무 붙잡으려 애쓰지 말고, 상대를 원망하지도 말자. 서로가 인연이라면 어떻게든 다시 만날 것이고, 그게 아니라면 그냥 그렇게 흘러갈 것이다.

이제 혼자가 된 현실에 앞으로 새로운 누군가를 만날 자신도 마음도 생기지 않는 당신에게 지금 어떠한 조언을 한다 하더라도 위안이 되지는 않겠지만 한 가지 확실한 사실은 당신이 굉장히 소중한 존재라는 것이다. 사실 이별했다고 해서 당신의 인간관계에 큰 실패를 겪은 것은 아니다. 고작 이별 때문에 스스로의 자존감을 잃어서는 안 된다. 서로 태어나서 몇십 년간 따로 살다가 만난 사람인데 오히려 갈등이 없다는 게 더 이상한 것이다. 그러니 이별은 나와 서로 맞지 않는 사람을 만났다는 것에 대한 객관적인 사실임을 인지하기만 하면 된다. 당신은 그 누구보다 소중하고 반짝이는 별 같은 존재이다. 이별의 아픔에 잠시 넘어졌지만 힘들다면 조금 쉬었다가 가도 되고 당신이 다시 걷고 싶을 때 다시 일어나서 걸어가면 된다. 지금 가장 중요한 것은 마음의 회복이다. 온전하게 내 마음이 괜찮아질 때까지 스스로를 잘 돌봐주고 위로해주자. 내 마음을 제일 잘 아는 사람은 바로 나 자신이다. 이별의 아픔에 절망하지 마라. 시간이 지나면 결국 예전보다 더 행복하게 웃을 날이 온다.

3

세상이
잿빛으로 보여

아름답던 무대의 막이 내리고, 마지막 조명조차 꺼진 채 나 홀로 텅 빈 세상 안에 남아 있는 느낌이 곧 이별의 감정과 가장 비슷할 것이다. 항상 밝게만 보였던 세상도 이별하고 나면 마치 흑백영화를 보는 것처럼 어둡고 모든 것이 우울하게만 비친다. 한순간 어둡게 변해버린 내 마음의 아픔은 본인만이 느낄 수 있는 고통이다. 그래서 더 고독하고 힘들며 별다른 마음의 치료 약도 없다. 이별을 하는 순간 혼자만 다른 세상을 살게 되는데 발버둥쳐도 당분간은 빠져나올 수 없는 정신적으로 폐쇄된 나만의 공간이다. 이별은 이렇듯 당사자만 괴롭고 힘든 일이기에 나의 바뀌어버린 절망적인 마음을 느낄 수 있는 사람은 나밖에 없다. 그렇기 때문에 내가 얼마나 아픈지 이해해줄 수 있는 사람도 본인뿐이다. 내가 무얼 잘못했길래 이런 아픔을 겪어야만 할까?

사람이 너무 힘들면 정말 별의별 생각이 다 들게 된다. 그렇지만 사실 잘잘못을 따지는 건 현실적으로 의미가 없다. 지금 당신이 헤어졌다는 사실은 변하지 않기 때문이다.

세상이 잿빛으로 변해버린 당신에게 필자가 해줄 수 있는 위로는 잿빛으로 변한 세상도 머지않아 다시 밝아질 거라는 확신이다. 그 아픔과 슬픔도 결국에는 시간에 잊혀 간다. 지금은 마냥 죽을 것 같고 힘들겠지만 그런 생각이 들 때마다 잠시만이라도 머릿속을 비우고 생각을 멈춰라. 당신이 힘들고 죽을 것 같은 이유는 다시 만날 수 있을 거라는 희망과 다신 만나지 못할 거라는 절망이 공존하기 때문이다. 머릿속에서 계속 희망과 절망이 싸우고 있기 때문에 당신의 상상 속에서 반복되는 생각으로 고통을 받는 것이다. 그래서 아픔을 해결하기 위해서는 둘 다 내려놓아야 고통을 멈출 수 있다. 당신이 결단을 내리고 확실한 선택을 통해 마음을 내려놓아야만 사라지는 것이다. 이별과 상실의 감정에서 빠져나오는 가장 중요한 방법은 마음속 집착을 놔주는 것이다. 정말이지 이 말은 말로는 쉽지만 당사자 입장에서는 굉장히 어렵다는 사실을 누구보다 잘 안다. 하지만 아이러니하게도 그 어려운 선택이 곧 해결책이다.

시간이 지나고 아픔이 어느 정도 사라지고 마음의 여유가 생기면 결국 당신은 다시 행복한 시간들을 누릴 수 있는 때가 찾아온다. 지금 당장은 자신이 없더라도 분명 당신은 그렇게 될 것이다. 하지만 아직 그 말을 부정하고 받아들이기 힘들다면 현재 겪고 있는 상실의 아픔을 수용할 준비가 되지 않았기 때문이다. 하지만 누구보다 소중한 당신이 아픔을 이겨내고 다시 행복해지려면 조금씩이라도 상실의 현실을 받아들이려는 노력이 필요하다. 많은 추억과 과거의 기억들로 뒤덮인 현재의 아픔 속에서 당분간은 힘들겠지만 지나간 기억은 지나간 대로 묻어두자. 당신이 머지않아 다시 환하게 웃으며 행복할 수 있길 바라본다.

4

시간이 약이라는
뻔한 말

이별 후 자주 듣게 되는 위로 중 가장 흔한 말은 "시간이 약"이라는 말이다. 하지만 굉장히 뻔하고도 단순한 이 말이 가장 확실한 정답이라는 것은 그 누구도 부인할 수 없다. 그렇지만 헤어진 당사자도 이 말을 왜 모르겠는가. 알면서도 마음과 생각이 따로 노는 자신이 답답할 것이다. 아직 마음이 남아 있기 때문에 미련의 감정이 남아 있는 상태에서 그 어떤 말도 재회가 아닌 말에는 와닿지 않을 뿐이다.

이별 후 계속 아픈 마음에 힘들어하다 보면 문득 이런 생각도 들게 된다.

"나는 매일 슬프고 힘들어 죽겠는데 얼마나 시간이 지나야 내 아픔이 다 사라지는 걸까?"라는 속마음이다. 근데 사람은 아픔이 있다면 어떻게든 고통의 원인을 제거하게끔 본능적인 설계가 되어 있다. 사람이 가진 생존 본능이다. 평생 갈 것 같은 마음의 고통도 시간이 지나면서 기억이 희미해지며 점차 무뎌지고 나아진다. 그렇게 마음의 상처가 나으려면 희망의 끈을 내려놓고 이별을 수용해야 한다. 그 사람과 다시 만날 수 있다는 희망을 계속 가지고 있다면 시간이 지나도 점차 회복되기가 어렵다. 당신의 마음의 상처가 낫길 원한다면 상처가 되는 원인과 멀어져야 가능하다. 마치 술이나 담배를 끊기 위해서는 확실하게 끊어내야 하는 것처럼 사람의 기억도 중독성이 있다. 다시 이별한 그 사람과 연락하거나 만난다면 그 순간에는 아픈 마음이 잠시 나아지는 것 같겠지만 잊혀 가는 기억을 다시 선명하게 만들어 아픔을 더 오래 지속할 뿐이다. 사실 이별이라는 것은 그 사람과 이어져 있는 관계의 살을 도려내는 작업이다. 잘라낼 때는 정말 너무 아프고 힘들겠지만 시간이 지나면 상처가 아물게 된다. 당신이 회복하기 위해서는 현재의 아픔과 현실을 수용해야 한다. 당장은 어렵겠지만 그 모든 극복의 과정들은 당신 감정의 변화 속에서 아주 자연스럽게 당신이 가야 할 방향을 알려줄 것이다.

과거에 누군가를 정말 사랑해서 제대로 된 이별을 해본 적이 있는가? 그런 경험이 이전에도 있었다면 아마 지금 이별을 극복하는 데 마음속 불안은 조금 덜할 것이다. 그렇다고 아픔이 덜하지는 않겠지만 상실을 극복하는 과정을 경험해보았기에 내 감정이 시간이 지나면서 어떻게 변해갈지는 알고 있으므로 이 아픔이 얼마나 지속될 거라는 걸 예상할 수 있음에 불안감은 좀 덜하다. 시간이 지나면서 내 마음이 괜찮아질 거라는 확신이 있기 때문이다. 하지만 가슴 아픈 이별의 경험이 처음이라면 현재의 이별을 겪고 큰 두려움과 고통에 감정적으로 매우 불안하고 힘들 거라 생각한다. 그 두렵고 힘든 이별이라는 감정의 고통을 겪고 있는 당신에게 진심으로 위로의 말을 전하고 싶다. 이별이라는 상실의 감정은 우리가 예상하고 생각한 것보다 훨씬 아프다. 지금은 정말 많이 아프고 힘들겠지만 결국은 시간이 당신의 마음을 해결해준다. 그 뻔한 위로의 말이 지금 해줄 수 있는 가장 최선의 말이자 당신을 위한 위로의 한마디이다. 당신의 아픈 고통이 머지않아 나아질 거라는 확신을 가졌으면 하기 때문이다. 또한 이별하면서 바닥을 친 자존감과 한없이 나약해진 내 감정에 절대 자괴감 갖지 말고 누구나 그렇게 이별한다는 것을 말해주고 싶다. 힘든 시간을 보내고 있을 당신이 세상에서 가장 소중한 존재이며 사랑 받을 가치가 있는 사람이라는 것을 알았으면 좋겠다.

5

위로되지
않는 마음

이별을 겪고 나면 헤어진 당사자의 입장에서는 그 어떤 말도 마음의 위로가 되지 않는다. 마음이 답답할 때 친구들을 만나서 이런저런 얘길 하다 보면 잠시나마 괜찮아지는 듯하지만 다시 혼자 남은 시간이 찾아오면 아픈 감정이 되살아난다. 사실 마음이라는 것은 생각처럼 지웠다 썼다 할 수 있는 것이 아니기 때문에 우리의 기억이 희미해질 때까지는 어느 정도 시간이 필요하다.

사람은 누구나 평소에 하던 익숙한 것들에 편안함을 느낀다. 그런 하루의 일상생활들이 패턴처럼 적응되어 있다. 하지만 이별 후 달라진 삶의 패턴에 큰 공허함을 많이 느끼게 되면서 처음에는 누구나 심적으로 많이 힘들어할 수밖에 없다. 아침에 눈을 뜨며 메시지 혹은 전화를 나눴던 일상들이 사라지면서 조금씩 이별을 실감하게 된다. 이별을 수용하는 과정은 그 사람을 만나기 전 삶의 패턴으로 익숙해지는 과정을 겪어내야 한다. 사실 누군가를 만나기 전에는 혼자 생활했던 삶의 패턴들이 익숙했었겠지만 현재 이별 후에는 전 연인의 흔적들이 내 생활 깊숙이 남아 있어 문득 그것들을 볼 때마다 마음이 시린 기분에 힘든 감정을 느낄 수 있다. 하지만 당신의 마음이 근본적으로 회복되기 위해서는 다시 예전 삶의 패턴으로 돌아와야 한다. 당장은 쉽지 않겠지만 조금씩 시간이 해결해줄 것이다. 아직 당신은 살아갈 날이 많고, 앞으로도 수많은 사람들을 만날 기회가 있다. 앞으로 행복하게 웃고 사랑할 날들을 생각해라. 지금의 아픔은 더 좋은 사람을 만나기 위한 성숙의 과정이다.

이별하게 되면 그 사람과 재회하고 싶다는 마음을 가지고 있을 수도 있고, 이제는 정말 인연을 끊어내고 싶다고 생각할 수 있다. 하지만 생각과 감정은 항상 같이 반응하지 않는다. 그렇기 때문에 나도 모르게 실수로 연락할 수도 있고, 감정이 앞서서 상대에게 돌이킬 수 없는 말을 하기도 한다. 하지만 혹여 그런 실수를 했더라도 자책하지 마라. 이별하고 나서 정신적으로 온전한 사람은 거의 없다. 누구나 이별하고 나면 제정신이 아닌 상태에서 아픔을 극복하려고 발버둥치기 때문에 평소처럼 이성적인 판단을 하지 못할 때도 생긴다. 그 아픔에 몸부림치고 있는 당신이 "나 정말 너무 힘들다." 하소연한들 아무도 들어주지 않는데 얼마나 답답하고 힘들겠는가. 내가 가장 아끼고 사랑했던 사람이 떠나갔는데, 제정신인 것이 더 이상한 것이다. 다만 필자는 이별의 아픔을 겪고 있는 당신이 아프지 않게 이겨내기를 바랄 뿐이다. "슬픔을 나누면 반이 된다."라는 말이 있듯이 누군가가 옆에서 손을 잡아주면 견디기 힘든 고통도 이겨낼 수 있는 힘이 된다. 지금 당신이 필요한 것은 따뜻한 위로와 격려이다. 가장 힘든 시간을 보내고 있을 당신에게 필자의 작은 위로가 조금이나마 힘이 되었으면 한다.

6

많이 사랑한 만큼
더 아프다

많이 사랑한 만큼 더 아프다는 건 사실 억울한 일이다. 나는 모든 마음을 그 사람에게 다 내어줬는데, 결국 더 아픈 건 더 사랑한 사람이어야만 할까? 후회 없이 사랑했으니 미련 없이 지워질 줄만 알았는데 현실은 더 아픈 상처만 남는다. 내가 아픈 만큼 지금 그 사람도 힘든 시간을 보내고 있을까? 나만 이렇게 힘든 게 아닐까 하루에도 몇 번씩 반복되는 생각에 머릿속은 혼란스럽다.

사실 헤어지고 나면 "행복해. 잘 지냈으면 좋겠어."라고 하지만 속마음은 그 사람이 날 잊지 못해 아파하길 바라는 아이러니한 감정을 조금은 갖게 된다. 상대에게 미련이 조금이라도 남아 있다면 날 잊고 금방 나아지길 바라기보다는 내 생각에 아직은 그리워하길 바란다. 그럼 다시 만난다면 예전처럼 싸우지 않고 잘 만날 수 있을까? 헤어진 뒤에 다시 재결합을 망설이는 사람들은 대부분 같은 문제로 다시 헤어지진 않을까 하는 고민을 갖는다. 보통 이별은 같은 이유로 반복되는 경우가 많기 때문이다. 하지만 그 사실을 알면서도 그 사람의 좋은 기억이 나쁜 기억들을 덮을 만큼 행복했기 때문에 재회와 헤어짐을 다시 반복하곤 한다. 사랑은 참 쉽지 않다. 누군가와 첫 만남은 가벼울지라도 그 관계를 지속적으로 유지하는 것은 정말 많은 노력을 필요로 한다.

"사랑은 또 다른 사랑으로 잊는다."라는 말이 있다. 하지만 이별한 지 얼마 되지 않은 사람은 헤어진 연인 외에는 아무도 보이지 않는다. 헤어짐의 충격으로 이성에 대한 관심과 욕구 자체가 사라져버린 상황에서 새로운 사람이라는 존재를 생각하기도 힘들다. 당신은 이별의 아픔을 어떻게 이겨내야 할지 고민이 많을 것이다. 그냥 무작정 참아야 할까? 아니면 바쁘게 지내면서 그 사람을 생각할 시간도 없이 지내야 할까? 당신은 조금이라도 덜 아프게 이 시간을 보내면서 아예 그 사람과 만나기 전의 나의 모습으로 기억을 리셋 하고 싶을지도 모른다.

하지만 당신이 겪은 이별의 아픔은 절대 헛되지 않음을 얘기해주고 싶다. 누군가에게 온전히 내 마음과 진심을 다 바쳐 사랑했다면 그 자체만으로도 정말 후회 없는 사랑을 한 것이다. 큰 아픔의 경험은 분명 성숙함과 인내를 가져다준다. 상실의 아픔을 겪어보지 못한 사람은 진정한 사랑을 제대로 알지 못한다. 모든 것은 잃고 난 뒤에야 그 소중함을 알 수 있기 때문이다. 익숙한 것의 소중함을 아는 사람은 잃어본 경험이 있는 사람만이 깨달을 수 있는 교훈이다.

　인생은 누구나 태어나서 첫 번째로 살아보는 현재 진행형이다. 살다 보면 넘어지기도 하고 쓰러지기도 하며 주저앉을 때도 있는 법이다. 당신도 예외는 아니다. 인생을 누구나 처음 살아보기 때문에 항상 완벽한 선택을 하지 못하며 후회할 만한 선택을 하는 경우가 훨씬 많다. 그러니 후회와 자책은 접어두고 이미 지나간 과거는 과거로서 묻어두자. 중요한 것은 바로 지금이다. 과거의 경험으로 현재 더 나은 내가 된다면 그것만으로도 충분한 가치가 있다. 삶의 모든 경험은 나중에 돌이켜보면 수많은 기억 속의 추억이 된다. 그것이 곧 삶이다. 현재 당신의 아픈 경험도 그리고 행복했던 지난날의 기억도 인생의 일기장에 적힐 소중한 기록이다. 그러니 너무 상심하지 말고 지나치게 자신의 상황을 비관할 필요도 없다. 정말 후회 없이 사랑한 나 자신을 안아주고 마음을 다독여주자. 미련 없이 사랑했고 행복했던 기억이 남았다면 그걸로 충분하다.

7

멈춰 있는 시간 속에
웃고 있는 너

"그 사람이 다시 나에게 돌아와 줄까?"라는 생각은 상대에게 미련을 가진 사람이라면 누구나 생각해본 적이 있을 것이다. 하루에도 몇 번씩 핸드폰을 보면서 혹시나 내가 생각나서 연락 오지는 않았을까 하는 기대에 헛된 상상을 하기도 한다. 정말 서로 앙숙같이 헤어졌다고 해도 시간이 지날수록 그 사람에 대한 좋은 기억들이 떠오르게 되는 것은 그만큼 사랑했기 때문일 것이다. 과거의 기억 속에 멈춰 있는 그 사람을 생각하면서 지금은 어떻게 지내고 있을까 계속 떠오르는 것도 아직 그 사람이 보고 싶은 마음이 더 크기 때문이다. 현재의 시간은 계속 흘러가고 있지만 내 마음과 정신은 아직도 헤어진 그 시간에 그대로 멈춰 있다. 헤어질 당시 조금만 내 감정을 참았더라면 혹은 다른 방법으로 이야기했다면 우리는 헤어지지 않았을까? 하는 아쉬운 후회도 해보고 여러 가지 생각을 해봐도 결국 이미 벌어진 일은 되돌릴 수 없다. 누구나 헤어지고 나면 그러한 생각들을 할 수밖에 없다. 하지만 반대로 생각해보자. 헤어지지 않을 운명이었다면 그러한 싸움과 다툼으로 인해 헤어지게 되었을까? 단순히 서로 화가 나서 격하게 말을 했더라도 그로 인해 우리의 관계가 끝이 났을까? 사실 연인 관계에서의 모든 것은 서로의 감정과 생각이 결정하는 것이다. 단순히 한 번의 다툼으로 싸우고 헤어지는 연인은 없다. 반복되는 다툼과 갈등으로 인해 마음이 지치고 "이 사람과는 정말 안 맞는구나."라는 확신이 반복되었을 때 결국엔 헤어져야 되겠다는 생각을 결심하게 되는 것이다. 이별은 누군가 서로 간의 갈등에 대한 고민이 확신이 되었을 때 이별을 맞이하게 된다. 사실 서로가 변함없이 사랑한다면 이별을 맞이할 이유가 없다. 하지만 사람은 성격, 생각, 가치관 등 같은 부분보다는 서로 다른 부분들이 더 많다. 새로운 사람을 만나 나와는 다른 부분에 매력을 느끼더라도 반대로 다른 부분으로 인해 갈등이 생기는 일은 너무 흔하고도 당연한 일이다. 그렇지만 중요한 것은 그러한 갈등을 해결해나가는 과정이다. 그리고 그 과정을 통해 서로가 얼마나 다르고 맞춰나갈 수 있는 사람인지 알아가는 것이다. 정말 서로가 맞지 않는 사람이라면 인생의 동반자가 되기엔 어려움이 많다. 결혼은 법적인 책임을 져야 하고, 자녀가 있을 경우 더욱 책임져야 할 것들이 많아진다. 하지만 연인 관계에서는 헤어진다는 것엔 별다른 책임이 없다. 다만 마음에 서로의 기억과 아픔만이 남을 뿐이다. 당신이 미래의 배우자를 꿈꾸고 있다면 이별을 통해 관계를 다시 되돌아보는 계기가 되었으면 한다. 연인일 때도 서로 간의 다툼이 너무 빈번하다면 결혼했을 때는 얼마나 더 힘들겠는가? 정말 맞지 않는 사람을 억지로 붙들고 있는 것도 서로에게 힘든 일이다. 사실 갈등이 잦다고 해서 헤어지는 것을 택하라는 말이 아니라 갈등이 발생했을 때 상대방이 어떻게 말하고 해결하는지에 대해 그 사람을 지켜봐야 한다. 싸움을 유연하게 대처하고 슬기롭게 해결하는 사람이야말로 오래 만나야 할 현명한 사람이다.

헤어짐이라는 상실을 너무 슬프게만 바라보지 말자. 서로에게 맞는 더 좋은 사람을 만나기 위해 각자 기회를 주었다면 어떨까? 당신도 소중한 사람이고, 전 연인이었던 그 사람도 소중한 사람이다. 헤어짐을 겪으면서 가장 중요한 것은 이별의 원인을 객관적으로 이해하고 전보다 성숙하고 더 좋은 내가 되는 것이다. 사람의 인연은 붙잡는다고 잡히는 것도 아니고 붙잡지 않아도 계속 이어질 인연이라면 절대 끊어지지 않는다.

8

다시 시간을 돌릴 수만
있다면

이별을 맞이했던 날로 다시 돌아가서 "내가 한 발짝 양보하고 받아주었더라면 어땠을까?"라는 생각을 누구나 한 번쯤 해보곤 한다. 사실 연인일 때는 가까운 사람의 소중함이 그저 당연하게 느껴질 때가 많다. 사귀는 시간이 길어질수록 점점 편해지다 보니 말도 쉽게 나오고 내 감정이 가는 대로 행동하는 경우도 생긴다. 하지만 갈등은 항상 서로에 대한 존중이 떨어졌을 때 발생하는 경우가 많다.

우리는 누구를 만나더라도 원만한 관계를 유지하기 위해서는 상대를 있는 그대로 존중하고 바라봐 주어야 한다. 상대방을 있는 그대로 받아들이지 못하고 내가 원하는 모습으로 바꾸려 한다면 처음 몇 번은 상대가 받아주더라도 점점 상대방은 지쳐가게 되고 결국 관계에 금이 가는 경우가 생긴다. 사랑은 상대를 내가 원하는 모습으로 바꾸는 것이 아니라 그대로 이해해 주어야만 한다.

헤어지고 나면 누구나 아쉬움과 후회가 남는다. 하지만 다시 과거로 돌아가서 다른 선택을 한다고 해도 또 다른 이유로 분명 후회가 남을 수밖에 없다. 그렇다면 현재 상대방에게 최선을 다하는 것이 가장 현명한 방법이다. 이별은 항상 실수와 갈등으로 서로의 마음이 어긋날 때 찾아온다. 그것이 누구의 실수이든 혹은 배신이든 자책이나 상대를 원망할 필요도 없다. 당신이 만약 상대와 결혼까지 갈 사람이었다면 어떤 갈등이 있더라도 헤어지지 않고 결혼까지 갔을 것이다. 하지만 어떠한 갈등으로 인하여 헤어졌다는 것은 거기까지의 인연일 확률이 높다.

누군가와 만나다 보면 사소한 일로 인해 갈등을 겪을 때도 있다. 하지만 서로 맞지 않는 부분들을 맞춰가면서 신뢰할 수 있는 관계가 되었다면 오히려 전보다 관계가 더욱 견고해진다. 반대로 갈등으로 인해 멀어지고 있다면 뭔가 잘못된 것이다. 사랑은 서로가 양보해야만 그 관계를 적절하게 유지할 수 있다.

사람의 인연은 붙잡는다고 붙잡히는 것이 아니다. 내 마음조차 마음대로 되지 않는데 상대의 마음을 어떻게 내 마음대로 할 수 있을까? 혹여 상대가 변했다고 해도 원망하지도 탓하지도 말자. 단지 그 사람과 인연이 아니었을 뿐이다. 나를 더 아껴주고 사랑해줄 사람은 반드시 어딘가에 존재한다. 당신은 지금 아픔을 느끼는 시간만큼 더 성숙해질 것이며, 성숙해진 만큼 더 좋은 사람을 만날 수 있다. 과거에 저

질렀던 실수나 후회들은 더 나은 스스로를 만들어주는 밑거름이 된다. 그러니 지나간 과거는 털어버리고, 현재 나 자신을 돌보도록 하자. 앞으로 지금보다 훨씬 더 행복해질 나를 위해 말이다. 당신은 누구보다 소중하고 가치 있는 사람이다.

9

사람은 추억 속에
살아가는 존재

사람은 누구나 생각만으로도 정신을 과거로 되돌릴 수 있다. 우리가 영화를 보면서 화면 속에 몰입하는 것처럼 우리의 정신은 언제나 현재의 시간을 초월한다. 이별하게 되면 현실의 시간들이 모두 멈춰 버린다. 물리적인 시간은 움직이지만, 우리의 정신적인 시간은 헤어졌던 그 순간에서 움직이지 않는다. 좋았던 기억은 미래를 살아가는 원동력이 되지만 아픈 기억은 더없이 우리를 힘들게 한다. 회상하고 싶지 않아도 떠오르는 아픈 기억은 나를 그 시간 속에 가둬버리기 때문이다.

우리는 누구나 살아가면서 행복하길 원한다. 좋은 사람을 만나 사랑하길 원하고 사랑하는 사람을 만나 함께하길 바란다. 하지만 처음의 설렘과 사랑도 시간이 지나면 익숙함으로 바뀌고, 그러다 보면 그 사람에 대한 간절함이 사라진다. 같이 있기만 해도 행복하기만 했던 그 사람이 옆에 있는 게 당연해지다 보면 별다른 설렘과 감흥이 없어지기도 한다. 우리는 익숙함이라는 것에 쉽게 오류를 범한다. 나에게 조건 없이 사랑을 주던 그 사람과 헤어졌을 경우 혹은 너무 당연하게 생각했던 그 사람이 내 옆에 없을 때 당연했던 만큼 너무나 큰 아픔이 찾아온다. 언제나 그 자리에 있을 거라고 생각했던 사람이 없어지면 그 공백은 이루 말할 수 없이 크다. 내 삶 속에서 당연한 존재일수록 그 사람이 차지하고 있던 공간이 너무나 큰 비중을 차지하고 있기 때문이다.

사람들은 현실과 미래만 바라보고 살아도 모자랄 시간에 왜 자꾸 과거에 매달리는 것일까? 누구나 틀린 부분에 대한 정답을 찾길 원하기 때문이다. 과거의 실수에 대한 원인과 그 해답을 찾고자 하는 생각의 연속성 그리고 정답을 찾을 수 없는 현실의 괴리감이 과거를 생각하게 되는 원인이다. 명확한 원인과 결과로 더 이상의 논리적 분석이 필요 없는 결말이었다면 굳이 과거의 기억을 다시 꺼낼 필요가 없다. 하지만 무의미하다고 생각되는 회상도 사실 꼭 필요한 이별의 과정이다. 과거의 실수를 기억해야 다음에 똑같은 실수를 반복하지 않기 때문이다. 그 기억은 나의 사회적인 생존을 위해서 혹은 앞으로의 내 인격의 성숙을 위해서도 필요하다. 아무리 아픈 추억이라도 우리는 기억하고 간직해야만 한다. 누구나 지워버리고 싶은 기억과 돌아가고 싶지 않은 순간들이 있겠지만 아픔과 힘듦은 나에게 변화를 주고 스

스로를 성장시킨다. 상실감은 당신을 성장하게 하는 원동력이 될 것
이며, 시간이 지나면 그저 웃으며 회상할 수 있는 하나의 추억이 된다.

10

다시 돌아올 거라는 희망이
더 힘들게 해

헤어진 이후에도 상대에 대한 미련이 남아 있다면 당신은 다시 예전처럼 나에게 연락하고 돌아올 거라는 희망을 품고 지내는 것이다. 그렇게 아직 재회를 원하는 마음이 남아 있다면 아직 그 사람과의 이별을 받아들일 준비가 되지 않았다. 이별은 상대와의 헤어짐을 인정하고 현실을 온전히 받아들였을 때 서서히 마음의 상처가 아물고 치유된다. 그렇지 않다면 현실에서 그 사람과 멀어졌더라도 아직 정신적으로는 그 사람을 향해 있기 때문에 마음은 계속 괴로울 수밖에 없다. 누구나 헤어짐을 인정하는 일은 쉽지 않지만 내가 사랑했던 만큼 소중한 존재였기에 생각으로는 이제 놓아줘야 한다고 하더라도 마음속에서는 그 사람을 붙잡고 놓아주질 않는다. 사실 미련이라는 감정은 지극히 자연스러운 마음이다.

그렇다면 헤어진 연인이 다시 당신 곁으로 돌아온다면 당신은 온전히 행복할 수 있을 자신이 있으며 행복한 미래를 그려나갈 수 있는가? 확신이 있다면 후회 없이 재회를 노력해볼 수도 있겠지만 서로의 성향과 가치관이 맞지 않는데도 이제까지 만나왔던 정 때문에 다시 재회하고자 한다면 반대로 지금보다 더 큰 상처만 남을 수도 있다. 지금 당장 내 마음이 너무 힘들어서 그 사람을 다시 만나고 싶은 생각이라면 잠시 마음을 비우고 이성적으로 생각할 필요가 있다. 다시 만난다면 불안했던 마음이 잠시 안정될지는 몰라도 예전과 같은 이유로 다툼이 반복되면 힘들고 아픈 시간이 더 길어지게 된다. 그렇게 되면 오히려 좋았던 기억보다 반복되는 다툼으로 인한 상처로 예전의 좋았던 추억마저 얼룩질 뿐이다. 이별한 그 사람과의 인연의 끈을 한 번이라도 더 잡아야 할지 아니면 미련 없이 놓아주는 길이 서로를 위한 것인지는 누구보다 당신이 더 잘 알고 있다. 이성과 감성 사이에서 고민하고 있겠지만 부질없는 미련은 빠르게 버리는 게 좋다. 헛된 희망은 자신을 과거 속에 묶어 빠져나오지 못하게 하며 당신의 행복을 위해서도 좋은 판단이 아니다. 그러니 인연의 끈을 끊어야 하는 결단은 분명히 필요하다.

Chapter 2

당신에게
전하는 위로

11

이별, 선택 그리고
나라는 존재

이별이 이렇게나 아프고 힘들다는 것을 미리 알았더라면 처음부터 그 사람을 만나지 않았어야 했는데 마음은 아직도 누군가를 애타게 찾고 있으며 현실은 그 사람을 다신 볼 수 없다는 것을 알기에 모든 세상이 무너지는 아픔이 더욱 나의 마음을 힘들게 한다. 과거로 다시 돌아가서 그 사람을 만나지 않았더라면 오늘처럼 슬플 일도 없이 평범하고 행복한 하루를 보내고 있지 않을까?

우리는 인생의 길을 걷다 보면 여러 갈림길 중에서 반드시 선택해야 할 때가 있다. 그 선택으로 인해 후회하기도 하고, 또 다른 선택을 했으면 어땠을까 상상하기도 한다. 하지만 인생에서의 선택은 정답이 존재하지 않는다. 오직 현재만이 존재하며 선택에 대한 결과는 스스로가 책임질 뿐이다. 그런데 대부분의 사람은 선택을 굉장히 두려워

하며 남에게 맡기고 싶어 한다. 선택에는 반드시 책임이 따르기 때문이다. 하지만 그 책임이 두려워서 아무런 선택도 하지 않는다면 절대 앞으로 나아갈 수 없다. 우리는 완벽하게 살기 위해서 태어난 것이 아니다. 다만 최선의 선택을 하기 위해 노력할 뿐이다. 수많은 선택 중에 이별도 하나의 선택이라면 그냥 그 선택을 받아들이고 지나가면 된다. 누구나 넘어지고 실수하면서 인생을 살아간다. 꼭 완벽하고자 할 필요는 없으며 완벽하게 사는 건 불가능하다. 인생을 살면서 중요한 선택을 하고 겪는 모든 경험은 존재의 이유가 있으며 그 경험은 반드시 우리를 성장시킨다. 그러니 지나간 과거의 선택을 후회하지도 말고, 애써 들추며 회상할 필요도 없다. 그때의 선택이 내가 할 수 있는 최선의 선택이었다고 생각하면 그걸로 이미 충분하다.

살아가면서 현재의 시간과 공간 속에 살아가는 당신이라는 존재가 수많은 사람 중에 어떤 한 사람을 사랑하고 만났다는 것은 정말 기적과도 같은 일이다. 가만히 생각해보면 당신의 삶은 당신이 생각하는 것보다 더욱 기적이고 놀라움의 연속인 것이다. 아무리 단순한 일도 생각해보면 우연이라는 것은 있을 수 없을 만큼 엄청난 확률로 당신에게 일어난다. 당신의 존재 자체는 기적이며 역사인 것이다. 그러니 현재에 행복하고 살아 있기에 아픔을 느낄 수 있음을 감사하자. 이별은 분명 힘든 일이지만 그 아픔이 당신이라는 빛나는 존재를 변화시킬 수는 없다.

당신이 사랑하던 사람이 곁을 떠나고 난 뒤 공허함과 허전함으로 상실의 아픔을 온전히 겪고 있는 당신에게 어떠한 말도 위로가 될 수 없을 거라 생각한다. 하지만 시간이 지날수록 점차 아픔을 잊고 나아질 것이다. 마음의 상처가 바로 아물지는 않겠지만 시간이 지나면서 나아지고 나면 당신의 아팠던 마음은 지나간 추억으로 간직하게 된다. 지금의 아픔도 시간이 지나면 결국 아련하게 떠올릴 수 있는 추억이기에 계절이 변화하듯 우리의 마음도 그저 그렇게 흘러가는 대로 아름답게 바라봐 주자.

12

이별을 극복하는
법에 대하여

누구나 아픔과 시련을 이겨내는 것은 굉장히 힘들고 고통스러운 일이다. 정말 사랑했던 사람과의 이별은 내 마음에 구멍이 난 것 같은 크나큰 상실감을 안겨준다. 상실감을 겪는 사람은 외적으로는 문제가 없어도 정신적으로는 상당히 큰 혼란을 겪고 있는 상태이다. 그렇다면 이런 상실감을 어떻게 극복해야 할까?

우리가 몸이 아프면 병원에 가서 진료를 받고 처방전을 받으면 되는데 상실의 아픔은 당장 나을 수 있는 약이 없다. 그래서 대부분 이별한 사람들은 잠시라도 잊기 위해서 술을 마신다. 내 기억을 지울수는 없기에 술에 취해서라도 정신적인 감각을 무디게 만들고 싶기 때문이다. 하지만 술을 마시면 우리는 더 감정적으로 변하게 되고, 잠시 잊어버린 듯한 기분도 다음 날 아침이면 더욱 혼란스럽고 격정적인 감정 상태로 악순환이 반복된다. 그렇기 때문에 근본적인 마음의 상처를 치유하기 위해서는 나의 내면을 이해하고 받아들이는 용기가 필요하다.

첫째는 전 연인과 헤어졌다는 사실을 온전히 받아들이는 것이다. 사실 이별을 수용하는 일은 하루아침에 받아들이기는 쉽지 않다. 하지만 시간이 지날수록 지금의 공허함과 예전 삶의 패턴을 다시 찾아가면서 이별한 현실을 조금씩 수용하는 여유가 생긴다. 만약 다시 그 사람이 돌아올 거라는 희망과 기대가 남아 있다면 당신은 더욱 과거에 집착하게 되고, 그러다 보면 그 사람을 잊기는커녕 심적 고통만 점점 더 심해질 뿐이다. 상대방이 나를 떠났다는 사실은 정말 가슴 아프지만 조금씩 이 현실을 수용해야 한다. 지나간 추억을 잊지 못하고 자꾸 회상할수록 힘들어지는 건 본인 스스로일 뿐이다. 우리가 후회 없이 누군가를 사랑했었다는 사실만으로도 충분히 가치 있는 인생의 한 부분을 간직했다고 할 수 있다. 그러니 지나간 기억은 내 마음속에 접어두고 지금의 나를 이해하고 위로해주는 마음이 필요하다.

둘째로 내 마음의 근본적 치유를 위해서는 누군가에게 진심을 다했던 내 마음을 있는 그대로 받아들이는 것이다. 보통의 경우 정이 많거나 마음을 다 퍼주는 사람들이 더 큰 아픔을 겪는다. 순수한 마음으로 상대에게 마음을 다 준 만큼 이별이 힘들다는 것을 몰랐기 때문이다. 이별 후 이렇게 큰 아픔을 겪고 나면 다시 아픔을 겪을까 봐 마음을 쉽게 열지 못하는 사람들이 많다. 하지만 온전하게 마음을 열고 사랑하지 않는다면 그 누구와도 진실한 사랑을 나눌 수 없다. 당신이 마음을 열고 누군가를 진실되게 사랑했다는 것만으로도 누구도 쉽게 할 수 없는 용기 있는 선택을 한 것이다. 그러니 이제는 지나간 모든 것을 내려놓고 나 자신을 먼저 아끼고 사랑해주자.

13

내 마음
다독여주기

　슬픔으로 인해 아직도 마음의 우울함을 안고 지낸다면 매일 하루가 너무 지치고 힘든 나날의 연속일 것이다. 시간이 어떻게 흘러가는지도 모르게 하루가 지나가고 무표정하고 침울한 일상에 그저 허탈한 마음만 스스로 되뇐다. 하지만 본인의 우울한 마음과 아무것도 하고 싶지 않은 절망감은 그저 지나가는 마음의 가랑비일 뿐이다. 우리의 마음은 익숙함을 긍정적인 시그널로 받아들이기 때문에 변화를 결코 좋아하지 않는다. 하지만 이별을 겪으면서 어쩔 수 없이 겪어야 하는 현실의 변화는 우리를 불안정하게 하고 안전하지 않다고 느끼게 만든다.

　이별의 아픔은 진심으로 누군가를 사랑했기 때문에 느끼는 마음의 통증이다. 상실의 아픔을 낫게 하는 일은 내 의지와 노력만으로 극복되는 것은 아니다. 사람의 기억은 시간이 지나면 점차 흐릿해지듯 그렇게 익숙했던 기억의 망각을 겪으면서 조금씩 잊히고 나아지는 것이다. 슬픔을 이겨내는 과정 속에서 나 자신이 조금 힘들거나 못난 생각을 하더라도 스스로를 자책하지는 말자. 누군가는 고작 이별 때문에 그렇게 힘들어하냐고 할지 모르지만 누군가와의 인연의 끝은 인생에 있어서 누구나 겪고 싶지 않은 엄청나게 힘든 일이다. 사실 제대로된 사랑을 못 해본 사람들이 이별의 아픔을 그저 우습게 바라본다. 당신은 주변의 시답잖은 조언이나 위로에 의지하지 말고, 스스로의 마음 회복에만 집중하자. 잔잔하게 마음을 위로해주는 음악도 들어보고 따뜻한 차 한잔을 마시면서 마음을 최대한 편하게 만들어주는 것도 도움이 된다. 문득 생각나는 전 연인의 기억 때문에 불쑥 힘들어질 때도 있겠지만 그럴 때마다 스스로를 안아주고 마음을 다독여주는 연습이 필요하다. 지금 누구보다 내 마음을 잘 추스르고 아픔을 이겨내고 있으며 다시 예전처럼 행복한 나로 돌아가겠다고 말이다.

  인생은 좋은 일도 많지만 그만큼 슬픈 일도 많다. 내일 잠시 비가 내려도 먹구름이 걷히고 해가 뜨는 것처럼 그저 계속 우울할 것만 같던 내 마음도 시간이 지나면 다시 밝은 모습을 되찾게 된다. 그러니 애써 억지로 내 마음을 밝게 돌리려 노력하지 말고, 지금은 내 마음이 조금 슬픔을 느끼는구나 정도로 내 감정을 이성적으로 이해하고 천천히 나아질 수 있을 거라고 스스로를 따뜻하게 감싸주자. 가끔은 반신욕도 해보고, 잠잘 때 아로마 오일로 좋은 향기도 맡으면서 내 마음을 회복하기 위한 루틴을 가져보는 것도 좋다. 지금의 시간은 스스로의 아픔을 온전히 이해해주고 아껴주는 과정 속에서 나의 또 다른 내면을 알아갈 수 있는 소중한 기회라고 여긴다면 분명 앞으로의 삶에 있어서 좀 더 성숙한 모습으로 나아갈 수 있을 거라 생각한다.

14

아직도 슬픔에
가슴이 저릿해

　헤어지고 나서 한동안 가슴이 아프다고 느껴질 만큼 힘들다면 상대를 진심으로 사랑했기 때문이다. 사실 모든 이별의 아픔은 내가 사랑했던 만큼 부메랑처럼 되돌아온다. 보고 싶은데 볼 수가 없고, 같은 하늘 아래서 살고 있는데도 만날 수 없다는 현실이 너무 가혹하다고 느껴진다. 엊그제까지만 해도 서로 사랑하고, 웃고 떠드는 사이였는데 어느 한 순간을 기점으로 남이 되어 버린 현실이 믿어지지 않는 것이 이별이다. 우리가 사람의 마음을 예상할 수 없듯이 이별도 그렇게 우리에게 예고 없이 다가오기도 한다.

　우리가 상처가 나면 소독하고 약을 발라도 어느 정도 아물 때까지는 통증을 느낀다. 아직 이별한 지 얼마 되지 않았다면 지금 마음의 아픔은 어쩔 수 없이 겪어야만 할 필수적인 과정과도 같다. 이별 후에 식욕도 없고, 아무런 의욕도 없어졌을 테지만 비단 당신만 겪고 있는 것이 아니다. 지금 시간에도 이별을 이겨내고 있는 수많은 사람이 당신과 같은 고통을 겪고 있을 것이고, 당신보다 더욱 아픈 슬픔을 느끼고 있는 사람들도 존재할 것이다. 우리는 정신적으로 너무 힘들다 보면 내 안의 정해진 테두리 속에 갇혀 다른 생각을 하지 못한다. 그러면서 마치 세상의 모든 슬픔을 혼자 짊어진 것만 같은 기분이 든다. 하지만 슬픔이라는 감정은 사람이라면 누구나 느낄 수 있는 감정이며 지금 주변에 이별로 힘든 사람이 보이지 않았을 뿐 당신과 같이 지금도 힘들어하는 사람은 많다. 그러니 스스로에 대한 연민과 자책과 후회에 대한 생각을 버리고 눈을 감고 생각을 비우는 시간을 가져보는 것이 필요하다. 상실의 아픔에서 조금이라도 편안해질 수 있는 방법은 마음을 비우는 것이다.

어떤 일에 쉽게 빠지고 몰입하는 사람일수록 다른 일에도 쉽게 몰입하는 경향을 보인다. 이러한 성향은 이별을 겪을 때도 마찬가지로 굉장히 자신의 아픔에 몰입하며 더 크게 증폭된 아픔을 겪는다. 반대로 감정적이기보단 현실적이고 논리적인 사람일수록 이별을 수용하는 속도가 남들보다는 좀 더 빠르다. 물론 사람마다 성향은 다르기 때문에 이별을 수용하는 속도와 생각은 다르겠지만 상실을 이겨내는 과정은 같다. 그 과정을 통해 힘듦을 이겨낸 사람은 반드시 내면적으로 성장하고 깨닫는다. 우리는 그러한 깨달음을 통해 과거보다 더 나은 선택을 할 수 있게 되며 좋은 사람을 분별할 수 있는 안목도 생긴다.

지금은 잠시 감정적인 어둠이 나를 덮고 있겠지만 흑과 백이 서로 섞이면 색이 변하듯 어둠도 밝음이 계속 덧칠해지면 결국엔 빛이 된다는 것을 잊지 않았으면 한다.

15

이별의 이유는
서로 인연이 아니었음을

대부분의 사람은 이별 후에 헤어짐의 이유를 찾는다. 물론 어떠한 갈등으로 인하여 이별을 겪었겠지만 그 원인을 뒤늦게나마 회상하며 상대와 나의 문제점을 찾아보게 된다. 이러한 생각들은 사실 의미 없는 후회일 뿐이지만 상대에 대한 미련과 남아 있는 애증으로 인해 스스로를 희망 고문의 늪에 빠뜨린다. 하지만 결국 당신은 상대와 이별할 운명이 아니었다면 어떤 이유에서든 갈등이 있더라도 헤어지지는 않았을 것이다. 사랑은 어느 한쪽에서 마음을 놓지 않는다면 서로의 관계는 유지되기 때문이다.

헤어진 후 지나간 과거를 회상하는 것은 의미 없는 일이겠지만 이별의 원인이 나에게 있지는 않았는지 객관적으로 생각해볼 필요는 있다. 앞으로 스스로가 전보다 성숙해지기 위해서는 나 자신을 객관화

하여 이해하는 것도 상당히 중요하다. 상대방의 과실이나 문제로 헤어진 이별은 당신에게 별다른 문제가 되지 않겠지만 당신에게 어떠한 결점이 있다면 이 점은 반드시 고쳐야 할 필요가 있다. 앞으로 누군가를 만나더라도 과거의 문제가 개선되지 않는다면 분명 같은 원인으로 갈등을 겪을 확률이 높다. 정말 좋은 사람을 만나더라도 나의 행동이 갈등을 유발한다면 안정적인 관계를 유지하기는 어렵기 때문에 과거의 실수는 기억 속에 묻어둘 수 있지만 똑같은 실수를 반복한다면 같은 이유로 갈등이 발생할 수 있기 때문이다.

좋은 사람을 만나려면 내가 먼저 좋은 사람이 되어야만 한다. 남이 좋은 사람이기만 바라게 되면 그 인연은 오래가지 못한다. 내가 상대방에게 끌리는 이유가 있는 것처럼 상대도 당신이 좋은 사람이어야 매력을 느끼고 안정적인 관계를 유지할 수 있기 때문이다. 처음에는 누구나 자신의 단점을 보여주지 않고, 장점만을 보여주기 때문에 안정적인 관계를 유지할 수 있다. 하지만 시간이 지나면서 자신의 본래 모습이 드러나게 되면 처음에 보여줬던 좋은 모습뿐만 아니라 자신의 단점까지도 상대에게 비친다. 상대와 신뢰 있고 원만한 관계를 유지하는 것은 포장된 내 모습이 아닌 있는 그대로의 내 본모습이 진실되고 투명해야 한다. 남에게 잘 보이기 위해 노력하는 면도 중요하지만 온전한 내 본모습을 아름답고 멋있게 가꾸는 것이야말로 진정 내가 좋은 사람이 되는 방법이다.

16

아무것도
하고 싶지 않아

이별은 사람을 정신적으로 무기력하게 만든다. 평소에 좋아하던 음식도, 즐겨 듣던 노래도, 내가 좋아하던 모든 것이 그 사람과 헤어지고 나서 아무런 의욕도 생기지 않는다. 서로 모든 것을 함께했던 사람이었는데, 이렇게 나 혼자 덩그러니 남겨져 버린 현실에 앞으로 어떻게 살아가야 할까 막막하기만 한 기분이 든다.

"다시 돌아와준다면 예전보다 훨씬 더 잘해줄 수 있을 텐데."라는 생각을 하다가도 어차피 다시 만나봐야 결과는 같을 거라는 생각도 들고 많은 생각과 복합적인 감정들이 혼란스럽기만 하다. 사랑할 때는 그렇게 달콤하고 행복했던 모든 것이 이별한 뒤에는 날카로운 가시가 되어 돌아온다는 걸 이제야 알아버린 현실이 냉혹하게 느껴진다.

이별 후 아무것도 하고 싶지 않은 의욕 없는 하루가 반복될 때마다

"내가 지금 뭘 하고 있는 걸까." 하는 자괴감이 찾아올 때가 있다. 아직 아픈 상처 때문에 예전의 나의 모습으로 바로 돌아오긴 힘들다는 것을 누구보다 본인이 잘 안다. 당신이 이별 후 얼마나 힘든 아픔을 이겨내고 있는지는 스스로만이 알 수 있지만 지금 아주 잘 참아내고 조금씩 회복하고 있다는 것에 대해 용기를 냈으면 한다. 오늘을 견뎌낸 당신의 하루는 결코 무의미한 시간을 흘려보낸 것이 아니다. 우리가 몸이 아프거나 감기에 걸리면 충분히 회복할 시간이 필요하듯 마음의 상처를 치유하는 과정도 이와 다를 것이 없다. 겉으로는 멀쩡해도 정신적으로는 굉장히 큰 고통을 겪고 있기 때문에 반드시 충분한 휴식을 통해 마음의 안정이 필요하다. 이별이라는 건 누구나 겪을 수 있는 일이지만 정신적인 아픔은 그 무엇과도 비교할 수 없을 정도로 큰 고통이다. 그렇기 때문에 이별에 힘들어한다고 해서 절대 정신적으로 나약한 것이 아니다. 오히려 잘 참고 이겨내고 있는 당신이 대단하다고 말해주고 싶다.

혹시 이별 후 식사도 거르고, 마음도 침울해서 방에만 틀어박혀 있는가? 마음은 아프겠지만 힘들더라도 식사도 하고 가까운 공원에서 산책도 하며 기분 전환을 할 필요가 있다. 헤어진 이후에 슬픔에만 젖어 있으면 스스로만 더 피폐해지고 힘들기 때문에 당장은 어렵더라도 조금씩 이겨내야 할 필요가 있다. 당신의 아픔을 내외적으로나 사회적으로 더 나은 사람이 되기 위해 노력하는 좋은 동기부여로 활용하자. 앞으로 누구보다 멋지게 인생을 살아갈 당신을 진심으로 응원한다.

17

내가 건넨 이별,
네가 건넨 이별

내 마음이 떠나서 먼저 건넨 이별과 상대가 먼저 건넨 이별은 스스로가 받아들이기에 그 힘듦의 정도가 많이 다르다. 내가 먼저 마음의 준비를 하고 상대에게 건넨 이별은 그나마 상대가 건넨 이별보다는 받아들이기가 쉽다. 스스로가 이별을 하기 위해 마음 정리가 끝난 상태이기 때문이다. 하지만 아무런 마음의 준비가 없는 상태에서 상대에게 이별을 통보 받았을 때의 충격은 이루 말할 수 없이 크다. 상대는 조금씩 마음을 정리하며 이별을 준비하고 있었을지라도 사귀고 있는 당사자는 전혀 모르는 경우가 많다. 상대에게 먼저 통보 받은 이별은 배신감과 절망감이 교차하며 스스로를 굉장히 힘들게 만든다. 이별이 가장 힘든 것은 내가 믿고 있는 가장 가까운 사람을 잃었다는 생각이 들기 때문이다. 많은 추억과 사랑했던 시간들이 이별하게 되면 그저 지나간 추억이 된다. 하지만 사랑을 하다 보면 누구나 이별의 경험을 겪는다. 이별을 건네받은 입장에서는 사실 정말 받아들이기 힘들겠지만 사람은 누군가의 소유물이 아니다. 그 사람이 내 연인이었다고 해도 그 사람은 하나의 인격체이자 타인일 뿐이다. 누군가를 사랑하게 되면 그 사람을 나도 모르게 소유한 것처럼 생각하게 되는데 그건 아주 위험한 발상이다. 상대방을 무의식적인 나의 소유물로 생각할수록 더욱 집착이 심해지게 된다. 당신은 그저 당신일 뿐이며, 전 연인은 그저 다른 인격체일 뿐이라는 것을 반드시 인식해야 누군가를 소유적인 관점으로 생각하는 오류를 극복할 수 있다.

이별은 받아들일 수 없는 아픈 현실이라는 것을 알지만 인생이라는 긴 시간 속 하나의 에피소드일 뿐이다. 사실 필자도 이별을 정말 받아들이기가 힘들었던 때가 있었다. 그 사람과 헤어지는 것을 한 번도 생각한 적도 의심한 적도 없었기에 더욱 받아들이기가 힘들었던 기억이 있다. 누구나 이별할 당시에는 크게 다투기도 하고 상대와 갈등을 겪기도 하지만 절대 이별 때문에 충동적이거나 감정적인 판단은 하지 않는 것이 좋다. 그런 행동과 판단은 결국 큰 후회만 남을 뿐이다. 당신은 머지않은 미래에 또 다른 새로운 인연과 행복이 기다리고 있으며, 지금보다 더 좋은 인연의 기회가 당신을 반겨줄 것이다. 충분히 더 좋은 사람을 만나 행복한 미래를 꿈꿀 수 있는데 잠깐 좌절된 현실에 너무 낙담할 필요가 없다. 지금 당장은 조금 아프고 힘들겠지만 시간이 지나면 그저 좋은 추억으로 간직할 수 있는 기억이기 때문이다.

18

배신감에 너무
화가 날 때

이별 중에 가장 힘든 이별이 있다면 상대방의 과실로 인해 헤어지게 되는 경우라고 할 수 있다. 상대가 바람을 피웠거나 혹은 변심했거나 술을 마시고 연락 두절이 되는 경우들이 이별의 사유로 상당히 많은 경우에 속한다. 나는 상대방을 존중하며 정말 최선을 다했는데 상대는 나의 마음을 무시하고, 이별을 통보 받게 되면 정말 속이 뒤집어지는 마음이 들게 된다. 이별 후 처음엔 얼떨떨한 감정이 들다가도 가만 생각해보면 너무 억울하고 화가 치미는 경우가 많을 것이다. 그런데 더 화나게 만드는 사실은 상대방을 존중하지 않는 연애를 하는 상대일수록 적반하장으로 본인의 잘못을 인정하지 않고 바람 피운 상대와 떳떳하게 환승 연애를 하는 것을 볼 수가 있다. 아마도 이런 경우를 당하게 되면 정상적인 사람들은 분노에 휩싸여 이성을 잃을 수도 있기 마련이다.

하지만 잠시 화를 가라앉히고 가만히 잘 생각해보자. 내가 만약 이 사람과 연애가 아니라 결혼을 하게 되었다면? 생각만으로도 정말 끔찍한 일이다. 결혼 후에 외도를 하는 상대를 마주할 것인지 아니면 연인 관계에서 바람 피운 상대를 마주하여 기분은 더럽지만 깔끔하게 정리를 하는 게 좋은 것인지 객관적으로 생각을 해보면 명확하게 답이 나온다. 신뢰할 수 없는 사람은 되도록 빨리 정리하는 것이 옳고 그것이 본인의 인생을 지키는 길이다. 사람은 끼리끼리 법칙이 존재한다. 바람 피우는 사람들을 보면 보통 비슷한 성향의 사람들을 만난다. 혹시 상대가 바람을 피우고 이별을 통보 받았다면 당신은 정말 행운이 따른 것이라고 말해주고 싶다. 때와 시기의 차이일 뿐 그 사람이 바람을 피울 상대가 없었더라면 자칫 결혼으로 당신 인생을 망칠 수도 있었던 위기에서 탈출한 것이다. 당신을 두고 그렇게 바람을 피울 정도로 쉬운 사랑이었다면 분명 다른 사람이었다고 해도 마음을 쉽게 내주는 사람일 것이다. 그 정도의 인연에 아쉬움이나 희망조차 가질 필요도 없고, 화를 낼 필요도 없다. 나쁜 말이나 행동으로 애써 당신이 복수하지 않아도 결국 그 사람의 업보로 남는다. 이제는 잊고 앞으로의 행복한 인생을 꿈꾸며 살아가는 것이 당신을 위한 최선의 선택이다.

이별을 하고 나면 감정의 혼란 속에 자존감이 낮아져 전 연인이 다시 날 붙잡고 돌아와 준다면 다시 받아주려고 하는 경우가 있다. 당신을 그렇게 배신하고 떠난 사람을 다시 붙잡는 바보 같은 짓은 하지 마

라. 인간관계에 있어서 신뢰가 없는 사람과 인연을 이어가는 것은 제일 어리석은 행동이다. 그렇게 당신을 무시하고 상처를 준 사람을 다시 만난다면 아마 평생을 두고 후회하게 될 것이 분명하다. 머지않아 같은 이유로 헤어지게 되거나 그에 상응한 안 좋은 이유로 당신의 마음에 또 다른 상처를 주게 된다. 사람은 절대 쉽게 변하지 않는다.

지금 만약 당신이 헤어진 지 얼마 되지 않았다면 끝임을 알지만 마음은 아직 상대를 원하고 있을 가능성도 있다. 하지만 연인으로서 절대 하지 말아야 할 것이 바로 신뢰를 저버리는 행동이다. 당신이 만약 마음의 정을 끊지 못하고, 다시 상대를 받아준다면 신뢰를 회복하고 예전처럼 다시 만날 수 있을 것 같은가? 아마 같은 이유로 바람을 피우며 똑같은 이유로 날 속이고 또 무슨 일을 만들지는 않을지 항상 의심하며 만남을 유지할 수밖에 없다. 그런 만남이 얼마나 더 오래갈 수 있겠는가?

인간관계는 서로 간의 신뢰가 없으면 절대 오랜 시간 지속될 수 없다. 그리고 그 신뢰를 쉽게 저버리는 사람은 분명 어떤 상황에서도 같은 행동을 할 사람들이다. 상대방의 마음을 존중하지 않는 사람들은 보통 이런 이기적인 행동을 굉장히 쉽게 한다. 반대로 본인이 상처를 입으면 세상 모든 비운의 주인공처럼 행동한다. 이처럼 상대방을 존중하지 않는 사람의 부류는 그냥 그 수준의 사람인 것이다. 그런데 남을 존중할 줄 아는 당신이 왜 그 사람을 이해해주고 관계를 지속해야만 하는가? 당신의 행복한 인생을 지금의 정을 끊지 못해서 어두운 터널로 끌고 가려고 하는가? 찾아보면 충분히 당신을 더 존중해주고, 배려해주는 좋은 사람들이 많다. 지금 당장은 이별의 아픔으로 헤어진 연인보다 더 괜찮은 사람을 만나지 못할 것 같다는 생각에 두려움을 갖고 있겠지만 그건 당신이 헤어짐의 충격으로 인해 이성적으로 올바른 판단을 하지 못하는 상황이기 때문이다.

혹시 상대방의 배신으로 인해 이별을 경험했다면 오히려 좋은 경험을 했다고 생각하자. 기본이 되지 않은 사람은 겉으로만 보고서는 알기가 힘들다. 그런 부류의 사람들은 직접 만나본 경험이 있어야 구별할 수 있는 안목이 생긴다. 연애를 많이 해보고 많은 사람을 만나봐야 보는 눈이 생긴다는 말이 있는데, 절대 틀린 말이 아니다. 나중에 당신을 아껴주고 사랑해주고 존중해주는 사람을 찾기 위한 하나의 과정이라고 생각하면 좋겠다. 훗날 정말 당신을 진실하게 사랑해주는 사람을 만났을 때 당신이 그 사람의 진심을 알아줄 수 있어야 하지 않을까?

19

어두운 터널에도
분명 끝이 있다

이별을 하고 나면 정말 끝도 없는 터널을 혼자 걸어가는 기분이 든다. 세상 모든 것이 우울하게 보이고, 현실이 흑백으로 보일 만큼 앞이 깜깜한 어둠 속에 살아가는 느낌이다. 누군가가 위로를 해줘도 전혀 위로가 되지 않고, 답답한 내 감정만 더해진다.

"그 사람은 지금 나를 잊었을까? 아니면 나를 잊지 못하고 똑같이 나처럼 힘들어하고 있을까?" 하며 여러 가지 상상이 겹치며 별의별 생각이 머리를 스쳐간다. 친구들과 있을 때는 조금 괜찮아진 것 같으면서도 울리지 않는 내 핸드폰을 열어볼 때마다 계속 허전하고 공허한 마음일 것이다. 항상 제일 많이 연락했던 사람에게 연락이 오지 않으니, 얼마나 공허한 심정인지 충분히 이해한다. 익숙함의 무서움이라는 건 정말이지 이별한 뒤에 더욱 절실히 실감하게 된다. 항상 같이 있을 때는 크게 소중함을 몰랐었는데 막상 헤어져 보니 그 빈자리가 더욱 더 크게 느껴진다. 만났을 때 조금만 더 이해해줬으면 달라졌을까 하는 상상에 뒤늦은 후회를 하지만 의미 없는 생각일 뿐이라는 것을 자꾸 반복하는 스스로가 한심하게 느껴질 때도 있을 것이다. 왜 이별은 항상 이런 감정으로 사람을 괴롭히는지 모든 것이 원망스럽겠지만 이 모든 생각은 어차피 그저 지나가버릴 감정과 생각이니 별다른 의미를 둘 필요는 없다.

남을 온전히 사랑할 줄 아는 사람은 정말 큰 용기가 필요하다. 상대방을 사랑하는 만큼 이별했을 때 그 아픔은 몇 배가 되어 돌아오기 때문이다. 설령 이렇게까지 아플 줄은 모르고 사랑했다고 해도 온전히 상대에게 마음을 주었다는 것만으로도 충분히 진실성 있는 마음으로 상대를 사랑한 것이다. 진심으로 온전히 남을 사랑할 줄 아는 사람은 후회가 많이 남지 않는다. 오히려 내 마음이 다칠까 봐 두려워 마음을 제대로 못 준 사람이 평생 그 시간을 후회로 남기게 된다.

헤어짐의 원인에는 정말 다양한 이유가 있겠지만, 결국 서로의 헤어짐은 그 누구의 탓도 아니다. 단지 서로가 맞지 않았을 뿐이다. 그 사람이 나에게 마음이 떠난 이유도, 혹은 내가 그 사람에게 마음이 떠났던 이유도 서로가 맞는 사람이었다면 멀어질 이유도 없었을 것이다. 나에게 마음 떠난 상대방을 원망한다고 해서 당신이 얻을 수 있는 건 깊은 마음의 상처뿐이다. 힘들겠지만 사람의 마음은 붙잡는다고 해서 다시 돌아오는 그런 소유물이 아니다. 답답하고 속이 터질 것 같겠지만 떠날 사람은 언젠가 떠나기 마련이다. 꼭 지금이 아니었더라도 혹은 누군가의 잘못이 있었더라도 화해할 인연이었다면 그런 문제 때문에 헤어지지는 않는다. 어떠한 이유 때문에 헤어졌다면 그냥 거기까지의 인연인 것이다.

아픔의 기억을 계속 반복하여 되감기 하게 되는 스스로의 생각을 멈추는 것은 사실 내 마음대로 되는 것이 아니다. 사람은 누구나 큰 아픔의 기억은 쉽게 잊히지 않기 때문이다. 지금 어둠 속에서 웅크리고 있는 당신은 누군가의 위로도 가슴에 와 닿지 않겠지만 겨울이 지나고 봄이 오듯 당신의 가슴에서도 다시 따스함이 찾아올 날이 있다. 당신이 겨울에서만 살고 싶어도 흘러가는 계절을 막을 수 없듯이 지독하게 추운 날도 시간이 지나면 자연스레 지나가기 마련이다.

20

힘들고 지친 당신에게
하고 싶은 말

이별을 극복하기 위해 일상을 바쁘게 지내도 보고, 친구들을 만나 이런저런 이야기를 나누며 다 잊은 듯 지내봐도 문득 혼자 있을 때 떠오르는 기억은 내 의지로는 막을 수가 없다. 내 마음처럼 되지 않는 생각의 흐름이 스스로도 통제가 되지 않을 만큼 여기저기로 흘러가기에 그저 잊어보려고 해도 그 기억은 쉽게 사라지지 않는다. 가만히 눈을 뜨고 있어도 멍하니 있게 되는 시간들이 많아지게 되면서 쓸데없는 생각만이 자꾸 반복되면 머릿속은 더 복잡해진다. 이런 상황 속에서 당신이 조금이나마 빨리 회복되고 치유되기를 바라며 작은 위로의 말을 전하고 싶다. 힘들고 아픈 시간 속에서 온전하게 그 아픔을 이겨내는 건 오롯이 홀로 감당해야 할 일이지만 조금이나마 공감을 통해 힘이 되었으면 한다. 사실 스스로가 너무 힘들 때는 주변 사람의 그 어떤 말조차 위로가 되지 않는다. 누군가의 이야기를 들어줄 여유조차 없기 때문이다. 그렇다고 스스로 생각의 틀에 갇혀 있게 되면 더욱 고립되고 힘들어지기 때문에 타인과 지속적인 소통을 하면서 마음속 답답함을 털어놓는 것이 좋다.

하루에도 수많은 생각과 감정들이 오고 가며 머리가 복잡해질 때면 생각을 비우는 연습이 필요하다. 쓸데없는 생각이 반복될수록 스스로의 정신적인 에너지만 소모하게 된다. 지금 당장 도움이 되지 않는 불필요한 생각들은 하지 않는 것이 좋다. 힘들 때일수록 지금 당장 힘든 것에 집중하지 말고, 오히려 생각의 화제를 다른 것으로 전환하는 것이 필요하다. 내가 생각하고 상상하는 것만으로도 우리의 몸과 마음은 그것을 사실로 받아들이기 때문에 최대한 긍정적인 마음으로 나를 변화시키는 것이 중요하다.

이별을 극복한다는 것은 한마디로 마음의 상처를 회복하는 과정이다. 내 마음의 한 공간에 자리 잡고 있던 누군가가 한순간에 사라지면 그 공허함은 이루 말할 수 없이 클 수밖에 없다. 그 공허함은 당장 어떠한 것으로도 메울 수는 없겠지만 시간이 지날수록 상처에 살이 차오르듯 다시 회복된다. 결국 이별의 치유는 충분한 시간과 기억의 망각을 통해 예전의 밝았던 당신의 모습을 머지않아 되찾게 될 것이다. 그러니 너무 조급해하지도 말고, 너무 힘들어할 필요도 없다.

지금 이 순간에도 이별 때문에 힘들어하는 사람은 셀 수 없이 많으며 이별을 맞이하는 사람도 수도 없이 많다. 나 혼자만 힘들어하는 것

같아도 같은 아픔을 겪고 있는 사람들이 너무나도 많기에 혼자 고립된 생각을 갖지 않았으면 한다. 만남과 이별은 필연적인 관계이기에 누구나 경험하게 되는 것은 아주 자연스러운 일이다. 그 사이에서 슬픔을 느끼고 힘듦을 경험하는 것은 당신의 인생에서 반드시 겪어야만 하며 겪을 수밖에 없다. 하지만 그 아픔은 우리의 마음을 더 성숙하게 하며 단단하게 만든다. 이별을 통해 상대방을 이해할 줄 아는 배려심이 생기기도 하고, 과거 나의 잘못도 반성하게 되면서 인격적으로 조금씩 성숙해진다. 우리는 시련을 통해 경험을 쌓고 인생을 배워간다. 누구나 처음 살아보는 인생이기에 다들 넘어지기도 하고 실수하기도 한다. 그렇게 반복하며 넘어지면서 넘어지지 않는 법을 배우듯 이별도 그렇게 사랑을 배워가는 과정이다. 그러니 너무 절망할 필요도 없고 상심할 필요도 없다. 시간이 지나면 예전처럼 밝았던 내 모습으로 돌아올 날이 머지않았으니 말이다.

Chapter 3

이별의 수용

21

이별,
그 숭고한 시간

홀로 남은 당신에게 지금 아픔의 시간들도 충분히 가치 있는 시간이라는 말을 해주고 싶다. 마음의 상처를 회복하는 시간이 무슨 의미가 있느냐고 생각할 수도 있지만 사람은 누구나 아픔 속에서 깨우침을 얻는다. 평소와 같이 변화 없이 흘러가는 시간 속에서 새로운 무언가를 얻기는 어렵다. 우리는 새로운 변화를 경험할 때 비로소 다른 생각들을 하게 된다. 사실 이별의 아픔은 양날의 검이기도 하다. 이별은 큰 아픔을 주기도 하지만 그 아픔을 통해 얻게 되는 성숙한 마음과 스스로에 대해 다시 되돌아보는 계기가 되기도 한다. 요즘 시대의 사람들은 항상 무언가에 쫓기듯 앞만 보고 쉼 없이 달려간다. 대부분 사회적으로 항상 뭔가를 이루고 앞서 나아가야 한다는 통념들에 사로잡혀 있는 경우가 많기에 내 내면과 감정을 관찰하고 바라볼 일이 거의 없다. 그렇기 때문에 나 자신은 내가 제일 잘 알고 있다고 생각하지만 반대로 자신의 내면과 심리 상태를 잘 모른 채로 살아가는 경우가 많다. 그러니 지금의 시간이 힘들고 무의미한 시간이 아닌 나 자신을 이해하고 알아가는 기회로 생각한다면 조금 더 가치 있는 시간으로 쓰일 수 있다.

평소에 생각으로만 했던 홀로 떠나는 여행이나 내가 정말 해보고 싶었던 취미 혹은 도전해보고 싶은 것이 있다면 생각만 할 것이 아니라 한번 시도해보는 것도 스스로를 환기시키는 좋은 방법이다. 단지 이별의 아픔을 잊기 위함이 아니라 그것을 계기로 당신에게 새로운 기회를 주는 것이다. 이별 후 변화를 통해 나 자신에게 새로운 시작점을 자각시키듯 어떠한 터닝 포인트를 만드는 것도 필요하다.

연애에서의 이별이라는 것은 따지고 보면 그렇게 인생에서 큰 비중의 에피소드는 아니다. 누군가와 헤어졌을 뿐 상대는 아직도 어딘가에서 잘 살아가고 있기 때문이다. 당신도 그렇고 헤어진 상대도 아직 살아갈 시간들이 많다. 그렇기에 우리는 과거의 살아온 시간보다 살아가야 할 미래에 더 집중할 필요가 있다.

지금 당신은 이별의 시간들이 너무나도 고통스러운 일이라고 생각이 들지 모른다. 우리가 숨을 참았을 때 1초가 1분 같은 느낌이 들 때처럼 이와 비슷한 상황일 것이다. 지금의 고통과 아픔을 잘 기억해 두었다가 나중에 만날 사람에게는 같은 아픔을 느끼게 하지 않도록 좋은 사람이 되겠다고 결심하는 좋은 계기로 삼아보도록 하자. 내가 아픈 만큼 남들도 아플 수 있기에 그 마음을 헤아릴 수 있는 사람이 되는 것도 내가 좋은 사람이 되는 하나의 방법이다.

이별 후 상실의 시간을 통해 당신이 더 좋은 사람으로 변화할 수 있는 계기가 되었으면 한다. 누군가를 사랑하면서 느꼈던 그리운 감정과 사랑으로 애타던 마음, 그리고 행복했던 시간과 그 모든 기억은 전부 소중했던 과거이자 추억이다. 그 기억들은 이제 과거로 묻어두고 앞으로 다가올 행복한 시간들과 미래에 집중하자. 당신은 충분히 행복을 누릴 자격이 있는 사람이기 때문이다.

22

원망하는
감정에 대하여

이별의 이유에는 다양한 원인이 있겠지만 서로 사소한 갈등으로 인해 헤어지는 경우가 많다. 작은 갈등이 보통 큰 다툼으로 이어지기도 하는데 상대방이 나를 이해해주지 못한다는 서운한 마음과 그로 인해 이 사람은 나와 맞지 않는다고 느껴지는 생각이 겹쳤을 때 보통 이별을 결심하게 된다. 이 사람과 더는 어떠한 방법으로도 이 관계를 이어나가기 어렵다고 느꼈을 때 판단하게 되는 최후의 선택인 셈이다.

이별 후 당신의 마음속에 자라난 부정적인 마음은 슬픔과 공존하여 자리 잡는다. 헤어짐의 원인이 나였다면 상대방에 대한 원망은 없겠지만, 상대가 바람을 피웠거나 거짓말 혹은 어떠한 이유로 인해서 일방적인 이별을 경험했다면 당신은 상당한 분노와 배신감을 느낄 수 있다. 내 의지와 상관없이 이별을 당하는 사람은 정신적으로 굉장히 힘든 고통을 수반한다. 미처 마음의 준비를 할 시간도 없이 이별을 경험했으니 말이다. 정말 어떻게 나에게 이럴 수 있느냐는 생각도 들 것이고, 그 서운함과 배신감이 내 감정을 지배하면서 스스로를 더 힘들게 만든다. 그렇다면 이런 분노의 감정을 어떻게 해결하는 것이 가장 현명한 방법일까?

보통의 경우 상대가 변심했을 때 나오는 행동은 2가지로 나눌 수 있다. 상대가 변심했다는 것을 알게 되었다면 그 즉시 마음을 접어버리고 다시 홀로 된 내 삶으로 미련 없이 돌아오는 경우와 상대에 대한 정을 끊지 못하고, 슬픔과 충격으로 인해 상대방에 대한 원망이 더욱 커져버리는 경우가 있다. 이러한 원망은 사실 내가 믿었던 상대에게 인간적인 배신을 당했다는 피해의식에서 생겨난다. 나는 그 사람을 믿었고 아무런 잘못도 한 것이 없는데 상대가 일방적으로 나의 믿음을 배신하고 내게 정신적인 고통과 슬픔을 안겨줬다는 사실에 억울하고 분한 기분이 드는 것이다. 더군다나 나에게 이별을 고한 상대가 헤어진 후에 다른 누군가와 또 다른 연애를 시작하는 모습을 보면 더욱 큰 분노가 일어나게 된다.

상대의 변심으로 인해 일방적으로 겪어야 하는 정신적인 고통은 누구라도 화가 나고 피가 거꾸로 솟을 만한 일이다. 하지만 이렇게 분노의 감정에 휩싸여 있다면 고통 받는 것은 오로지 나 혼자일 뿐이다. 그러니 오히려 이런 감정을 분노로 표출하는 것보다 그런 사람을 일찍이라도 알게 된 것에 헤어짐에 감사하는 마음을 갖는 것이 낫다. 분노의 감정을 오히려 감사의 마음으로 전환하는 것이다. 쉽지는 않겠지만 남을 용서할 줄 알고 감사할 줄 아는 것은 결국 내가 더 좋은 사람이 되는 것이며 나부터 좋은 사람이 되어야 훗날 더 좋은 사람을 만날 수 있다.

나를 존중하지 않고 변심한 사람에게 오히려 감사하는 마음을 갖는 것은 단순히 정신 승리하는 일이 아니라 당신이 더 수준 높고 현명한 사람이 되는 방법이다. 당신이 배신감에 분노하고 복수하고 싶다는 마음을 먹지 않아도 그 사람은 반드시 자신의 잘못을 돌려받게 되어 있다. 그러니 지금이라도 현명하게 인간관계를 정리했다는 것에 감사하자. 그리고 앞으로는 남을 존중하지 않고 지나치게 집착하거나 쉽게 변심하는 사람은 절대 내 주변에 두거나 가까이하지 않는 것이 좋다.

당신은 헤어진 그 순간부터 더 좋은 사람을 만날 수 있는 기회를 다시 찾은 것이나 마찬가지다. 그러니 오히려 지금 상황에 대해 더욱 감사하고 행복한 마음을 가질 필요가 있다. 하지만 당장은 화가 나고 슬픈 마음이 들더라도 조금 시간이 지나 마음이 안정되면 정말 다행이었다고 생각이 들 것이다. 그리고 과거 당신이 겪은 거짓과 배신과 같은 좋지 않은 경험은 사실 인생에서 한 번쯤은 겪어볼 필요가 있다. 좋지 않은 것들도 경험을 해봐야 앞으로 그것을 분별하고 피할 수 있기 때문이다. 이제 앞으로는 당신의 인생에서 당신을 아껴주고 진심으로 사랑해주는 소중한 인연이 반드시 찾아올 거라고 믿어 의심치 않는다. 그러니 이제 지나간 과거는 지워버리고 긍정의 마음으로 행복한 하루를 보냈으면 한다.

23

이별은 나를
되돌아볼 기회

이별을 겪게 되면 평소 생각해본 적도 없었던 나의 내면과 인간관계에 대해 다시금 되돌아보게 된다. 자연스럽게 스스로를 되돌아보면서 자신을 성찰하는 시간을 갖는다. "나라는 사람은 과연 남들에게 어떻게 비치는 사람일까?"라는 궁금증을 가지기도 하고 "내가 남들에게 과연 좋은 사람인가?"라는 생각을 하기도 한다. 상당수의 사람들이 이별을 겪고 나서 새로운 사람들을 만나고 관계를 생성하는 데 어려움을 많이 겪는다. 상대에게 보이는 내 모습에 대해 예전보다 더 신경이 많이 쓰이기도 하고, 상대가 좋은 사람인지 판단하는 데 있어서 훨씬 신중해지기 때문이다. 특히 과거 좋지 않은 이별을 경험한 적이 있다면 더욱 사람에 대한 경계심이 많아질 수 있다. 하지만 그렇게 얻은 경계심 혹은 변화의 과정들은 자신의 생각과 행동에 대해 좀 더 들여다

볼 수 있는 기회로 작용한다.

우리는 마냥 행복하고 걱정이 없을 때는 나 자신에 대해 깊이 생각할 필요성을 느끼지 못한다. 단지 내가 남에게 비치는 보이는 겉모습에만 치중하는 경우가 많다. 그러다 보니 스스로의 내면과 대면할 시간이 거의 없다. 우리의 가장 큰 착각은 내가 스스로를 너무나 잘 안다고 생각하는 것이다. 그런데 이별을 겪은 후 당신의 감정은 어떠한가? 당신이 슬픔을 이겨내는 과정에 대해 충분히 예상했던 대로 흘러갔는가? 아마 어느 정도 예상은 했지만 생각보다 더 가슴 아팠을 것이고, 나 자신도 이해하기 힘든 감정 상태를 많이 겪었을 것이다.

사람은 흔히 행복이라는 감정은 쉽고 익숙하게 받아들인다. 하지만 슬픔이라는 감정은 사실 자주 마주할 수 있는 감정이 아니기에 우리는 슬픔을 어떻게 극복해야 하는지 그 방법에 대해서는 잘 모르는 경우가 많다. 슬픔이라는 감정을 극복하려면 슬픔의 이유와 그 사실을 내 마음속에서 온전히 받아들이고 수용해야 한다. 하지만 슬픔을 경험하게 되면 그 사실을 처음부터 받아들이기는 어렵고 힘든 일이다. 무언가를 잃었을 때 이미 없었던 것처럼 행동할 수 있는 사람은 아무도 없다. 그 자리에 존재했던 시간이 길었던 만큼 그것이 없어졌을 때 느껴지는 빈 공간은 더욱 큰 공허함으로 다가온다. 익숙함이라는 항상 당연하게 느껴지는 것들은 꼭 잃어버린 후에야 그것의 소중함을 깨닫게 되는 경우가 많다.

우리의 삶 속에서 정말 소중한 것들은 이처럼 너무나도 당연하고 익숙한 것들 사이에 존재하고 있지만 평소 우리는 그것의 소중함을 인지하지 못하고 지낸다. 나의 부모님, 혹은 나의 가족, 연인처럼 당연하게 느껴지는 주변 사람들에 대한 감사함과 소중함을 가질 필요가 있다. 익숙함 속의 소중함을 아는 사람은 삶을 대하는 태도부터 달라진다. 이별의 계기를 통해서 스스로를 되돌아볼 수 있는 시간들을 가지고 그로 인해 얻은 생각들을 앞으로 살아갈 삶에 반영한다면 좀 더 멋진 미래를 그려나갈 수 있을 거라 확신한다.

24

아픔은 사람을
성숙하게 만든다

사람은 많은 경험을 할수록 경험적 지식을 근거로 어떠한 판단을 내릴 때 최선의 선택을 할 수 있게 만드는 자산이 된다. 예를 들어 과거엔 내 이상형에 부합하는 외적인 부분만 중점적으로 보았다면 충분한 만남과 이별을 겪고 난 후에는 성격과 대화도 굉장히 중요하다는 사실을 깨닫게 되는 것처럼 말이다.

우리는 이별을 겪으면서도 많은 경험을 얻는다. 좋지 않은 이유로 이별을 겪었다면 그 과정을 통해서 얻고 느끼는 부분들이 무언가는 반드시 남는다. 상대에게 좀 더 존중해주고 배려심을 가져야 되겠다는 마음가짐이나 좋은 사람을 분별할 수 있는 안목을 얻게 되는 것도 이에 해당한다. 이별을 겪고 나면 스스로에 대해 생각해볼 시간들이 많아지며 좀 더 자기 객관화를 통해 나 자신을 바라볼 수 있게 된다. 내가 이러한 부분은 고칠 필요가 있는지 혹은 상대에게 이런 말이나 행동은 상처를 주지 않았는지를 다시금 곱씹어 보기도 하고 후회도 하면서 깨닫는 것들이 분명 생긴다. 이러한 경험들은 자연스럽게 나 자신이 성숙해지고, 내면이 성장하는 계기로 작용한다.

누구나 사람은 항상 아쉬울 때 간절하다. 내가 풍요로울 때는 사실 아쉬울 것이 없다. 내가 이미 가지고 있기 때문에 남에게 부탁할 이유도 없고 현재 만족하는 삶을 그냥 유지할 뿐이다. 하지만 내가 무언가 부족하거나 어떤 결핍으로 인해 힘듦을 겪을 때는 반드시 이 상황이 나아졌으면 하는 간절함이 생긴다. 이별의 아픔도 이와 같다. 내가 너무 아프고 힘들기 때문에 이 고통을 누군가가 도와줬으면 하고, 이 힘듦을 빨리 이겨내서 떨쳐내고 싶은 마음이 간절해진다. 이렇게 아픔을 이겨내 본 경험이 있는 사람은 전보다 더 강인해지고 심적으로 단단해진다. 이미 극복했던 경험이 있는 사람은 앞으로 같은 경험을 다시 하더라도 그 과정과 결과를 알고 있기 때문에 처음 겪었을 때의 두려움과 불안감은 훨씬 덜하다.

우리는 살아가면서 처음 경험하는 것들에 대해 큰 두려움을 느낀다. 이별 또한 마찬가지다. 내가 경험해보지 못했던 이별이라는 아픔을 처음 경험하게 되면 온 세상이 무너진 듯한 쓰라림과 아픔이 나에게 큰 충격을 준다. 도저히 내가 이겨낼 수 없을 것 같은 괴로움에 몸부림치게 되고, 식음을 전폐하며 정말 아무것도 할 수 없을 것만 같은 절망감에 빠진다. 하지만 시간이 지나면서 점점 그 아픔도 줄어들고 과거의 경험도 조금씩 잊혀 가며 다시 예전의 내 모습으로 회복하게 된다. 그렇게 다시 예전의 내 모습으로 돌아오게 되면 이별했을 당시 왜 그렇게 아파했는지 그저 바보 같고 우스울 때가 온다.

우리는 세상에 태어나 처음 경험하는 것들이 너무나도 많다. 경험은 좋은 일이든 슬픈 일이든 모두 값진 자산이며 우리가 살아가는 데 반드시 꼭 필요하다. 당신은 이별을 통해 얻는 경험적 지식으로 전보다 더 내면적으로 성장할 것이며, 더 좋은 사람으로 발전할 수 있다. 당장은 힘들겠지만 분명 지금의 시간들이 당신에게 큰 도움이 될 것이다. 사실 사랑에 아파 보지 않은 사람은 진짜 사랑을 해봤다고 말할 수 없다. 사랑은 단순히 하는 것이 중요한 게 아니라 지키고 유지하는 것이 중요하다. 우리는 사랑을 잃어봐야 당연한 사랑은 존재하지 않는다는 것을 알게 된다. 이별의 아픔을 경험해본 사람은 사랑하는 사람이 무조건 내 곁에 있어 주는 것이 아니라는 것을 비로소 안다. 이별의 시련과 아픔은 더 좋은 사람으로 성장하기 위해 꼭 필요한 경험적인 자양분이며 인생의 밑거름이다. 그러니 그 아픔을 회피하거나 미워하지만 말고, 그저 자연스럽게 받아들여도 충분하다. 이별은 남녀가 만나 누구나 겪게 되는 인간관계의 시행착오일 뿐이니 스스로에 대해 괜한 자책감과 실패감을 느낄 필요는 없다.

25

이별을
받아들이는 법

    온전하게 이별을 받아들이는 일은 정말 너무나도 어려운 일이다. 누군가는 쉽게 이별을 받아들이기도 하지만 서로 만나온 시간이 길고 사랑의 감정이 깊었다면 너무나도 많은 기억들이 내 삶 속에 자리 잡고 있기 때문에 이별을 정리하는 시간이 충분히 필요하다. 서로에게 의미가 있었던 물건이나 같이 갔었던 추억의 장소들은 이별한 사람으로 하여금 상대를 떠올리게 만든다. 이처럼 현실 속에 자리 잡고 있는 여러 기억이 이별에 대한 마음 정리를 더 어렵게 만들기도 한다.

    이별은 단순히 전 연인에 대한 생각을 하지 않는다고 해서 쉽게 잊히지 않는다. 오히려 생각하고 싶지 않다는 것은 이별의 사실을 온전히 받아들이기가 어렵기 때문에 그 사실을 수용하지 않고 회피하는 것이라고 볼 수 있다. 그러니 생각을 하지 않는 것은 결국 이별이라는 현실을 온전히 받아들일 자신이 없다는 것의 반증이기 때문에 온전히 이별을 극복했다고 말하기는 어렵다. 이별의 현실을 회피하고 지내다 보면 문득 갑자기 마음이 힘들어지기도 하고, 다시 그 사람이 보고 싶어 몰래 SNS를 염탐하는 행동으로 이어지기도 한다. 사실 사람의 감정이 내 마음대로 쉽게 바꿀 수 있다면 정말 편하겠지만 내 생각대로 감정을 컨트롤할 수는 없기 때문에 본능적으로 내 마음을 보호하기 위한 방어 기제로 회피하는 방법을 선택하는 것이다.

이별했다는 사실을 받아들이는 것은 우리 마음이 그 사실을 수용할 수 있는 여유가 생기게 되면 점차 받아들인다. 상실의 슬픔을 수용하고 이별을 현실로 받아들이는 과정에는 충분한 시간이 필요하다. 연인 사이였던 지난 기억들을 망각하고 상대를 만나기 이전의 나 혼자였던 삶의 루틴이 점차 익숙해지면서 조금씩 마음을 회복하게 된다. 사랑했던 추억과 기억들은 내 생활 속에서 많은 흔적을 남기기 때문에 그것을 지워내는 과정이 있어야만 당신은 온전하게 이별을 받아들일 수 있다. 아직 이별을 받아들이지 못했다고 해도 절대 자신을 탓하거나 조급해할 필요는 없다. 지나간 흔적을 지우는 데는 시간이 해결해줄 것이고, 마음 정리는 억지로 하지 않아도 자연스레 조금씩 정리가 된다. 온전하게 이별을 받아들이기 위해서는 내 감정에 솔직하게 슬플 때 슬퍼하고, 행복할 때 행복할 줄 아는 것이 중요하다. 지금 느끼는 나의 감정을 그대로 받아들이는 연습을 하면서 나 자신을 온전히 이해하는 것이 이별의 수용을 위해 꼭 필요한 자세이다.

만약 당신이 이별의 아픔 때문에 너무나도 힘들다면 단지 슬픔뿐만 아니라 다른 복합적인 감정까지 포함되어 있을 경우가 많다. 미련 혹은 배신에 대한 아픔과 분노와 같은 감정들이 지금 당신을 붙잡고 힘들게 하고 있을 수도 있다. 하지만 남남이 된 현실에서 이러한 감정들은 감정 소비만 더 크게 만들 뿐 전혀 도움이 되지 않는다. 물론 일부러 그런 감정을 느끼려고 한 것이 아니라는 것은 잘 안다. 다만 누군가를 원망하거나 미워하는 마음을 내려놓지 못하면 이별을 수용하기가 힘들다. 또한 아직도 그 사람이 돌아왔으면 하는 희망이 남아 있다면 좀 더 시간을 가지고 객관적으로 생각해볼 필요가 있다. 다시 그 사람을 만나게 되었을 때 행복한 관계를 유지할 수 있는 자신이 있는가? 이러한 질문에 확실한 정답을 가지고 있다면 한 번쯤은 재회를 시도해보는 것도 자신의 미련을 내려놓을 수 있는 방법이 될 수 있다. 사실 헤어졌다는 사실을 받아들이는 일은 누구나 힘든 일이다. 그것을 알면서도 온전히 이별을 받아들이라고 말하는 것이 하나의 강요처럼 느껴질 수도 있겠지만 뭐든 확실한 결심이 없다면 새로운 시작도 없다. 그러니 어렵더라도 확실한 마음의 결단을 통해 온전하게 이별을 수용하고 당신의 마음이 회복될 수 있기를 간절히 바란다.

26

마음 내려놓기

아직 헤어진 전 연인을 그리워하는 마음이 남아 생각하고 싶지 않아도 자꾸 떠오르는 기억 때문에 밤낮없이 괴로움으로 하루를 보내고 있다면 꼭 알아야 할 사실이 있다. 우리의 생각은 반복되는 행동과 생각에 대해 익숙함을 좋아하며 변화를 선호하지 않는다. 늘 해왔던 것들을 가장 친숙하게 느끼고 반응하기 때문에 예전과 달라진 변화들에 우리의 뇌는 불안정한 것으로 자각한다. 그렇기 때문에 평소 늘 하던 생각과 행동들을 끊어내고 변화된 내 삶의 패턴에 익숙해지기까지는 어느 정도의 시간이 필요하다. 그런 변화를 받아들이기 전까지는 과거에 상대와 늘 해왔던 연락과 만남 등의 행동들을 끊어내면서 이별 후 공허함으로 마주하게 된다. 아마 지금은 위와 같은 문제들로 고민하고 있을 것이다. 하지만 내 삶의 일상 패턴을 바꾸기 위해서는 당신이 먼저 마음을 비워야 한다. 아직 재회에 대한 희망의 끈을 가지고 있다면 상대에 대한 미련을 버리기는 어렵다. 미련이라는 마음은 당신이 아직 전 연인에 대한 인연의 끈을 놓지 못했기 때문에 생기는 마음의 연결고리이며 아직 이어져 있는 끈을 내려놓기 위해서는 확실한 마음의 결단을 해야 한다. 상대에 대한 마음을 확실히 접고 내려놓는 것은 생각처럼 쉽지는 않겠지만 당신이 다시 일상의 패턴을 찾고 안정된 마음을 얻기 위해서는 필수 불가결한 선택이다. 과거의 사랑했던 누군가를 잊고 새로운 출발을 하기 위해서는 맺고 끊음을 분명하게 하는 것이 스스로뿐만 아니라 헤어진 상대를 위해서도 필요하다. 사실 현실에서는 미련 때문에 오히려 결말이 좋지 않게 헤어지는 경우가 굉장히 많다. 한 사람의 일방적인 미련은 헤어진 상대를 정신적으로 더 지치고 힘들게 만든다. 마음은 슬프고 괴롭더라도 나 자신과 상대를 위해 놓아줄 줄도 알아야 한다. 힘든 시간을 보내고 있을 당신에게 어려운 이야기일 수도 있지만 사람의 마음은 누군가의 뜻대로 되는 것이 아니라는 것을 받아들여야 이별한 상대에 대한 집착을 내려놓을 수 있다. 그러니 당분간은 힘들더라도 과거에 익숙했던 내 생각과 행동들을 끊어낼 수 있도록 노력이 필요하다. 익숙했던 것과 멀어진 내 삶의 변화는 잠시 불편함으로 다가올 수 있겠지만 머지않아 분명 나아질 것이다.

27

감사하는 마음

　누군가를 진심으로 사랑했다가 헤어진 경험이 있다면 가슴이 내려 앉을 만큼 아프다는 말을 충분히 공감할 것이다. 매일 우울한 기분 속에 살아가고 잠시 괜찮아진 것 같다가도 혼자 있는 시간이나 문득 공허함이 찾아오면 여지없이 이별의 빈자리가 무섭도록 크게 느껴진다. 그러한 슬픔을 온전히 감당하고 있는 당신에게 작은 위로의 말을 전해주고 싶다. 누구나 크고 작은 아픔을 끌어안고 살아가지만 막상 그 아픔이 다가오면 감당하기 버거운 고통으로 힘겨워하는 것이 연약한 우리의 마음이다. 이별하고 나면 무엇을 해도 즐겁지 않고, 평소 좋아하는 음식을 먹어도 그 사람과의 추억이 먼저 생각나는 것이 스스로를 괴롭게 한다. 나 자신도 이렇게 아픈데도 불구하고 헤어진 상대를 걱정한다는 것은 그만큼 사랑했었다는 의미이기도 하다. 전 연인과 갈등이나 다툼으로 헤어졌다고 할지라도 사람 마음이라는 것은 시간이 지나면 결국 나쁜 기억은 사라지고 좋은 기억만 남는다. 서운함과 원망의 감정도 결국은 시간이 지날수록 점점 흐릿해지고 무의미한 감정이었다는 것을 시간이 지나고 나서야 깨닫게 된다. 연애할 때는 왜 그렇게 감정적이었는지, 그 사람을 좀 더 이해해주지 못했는지 하는 후회와 원망 속에 스스로를 되돌아보기도 한다. 이별은 늘 그렇게 아픔과 후회를 남기지만 그러한 과정 속에서 조금씩 성장해간다.

이별을 제대로 경험하지 못한 사람이 사랑을 안다고 할 수 없듯이 이별의 아픔을 겪어보지 못한 사람은 나를 사랑해주는 사람들에 대한 소중함을 깨닫지 못한다. 우리는 주변에서 항상 존재하고 있는 모든 것에 대해 소중하고 감사히 여겨야 한다. 하지만 사람들은 대부분 익숙함보다는 새로운 것에 대해서만 관심을 갖는다. 사랑하는 사람이 내 옆에 있어 주는 것은 그 사람이 맹목적으로 당신을 사랑해서가 아니다. 그만큼 당신이 사랑을 주었기 때문에 그 마음을 돌려받는 것이다. 익숙함에 눈이 멀어 내가 받는 사랑을 당연하다고 여길수록 관계는 어긋난다. 그래서 우리는 누군가의 호의나 사랑을 항상 감사하는 마음으로 받아들이고 당연하다고 생각하지 않아야 한다.

당신이 현재 겪고 있는 이별의 시간은 절대 헛된 것이 아니다. 성장의 기회는 항상 어려운 시련이나 위기 속에서 나온다. 이별을 겪은 지금 이 순간 인격적으로 성장하게 하는 시작점으로 삼아 매사 감사할 줄 아는 마음을 가진 사람으로 좀 더 멋지게 변화할 수 있는 계기가 되었으면 한다.

28

긍정의 힘

사람의 마음은 사실 쉽게 붙였다가 뗄 수 있을 만큼 그렇게 쉬운 일
은 아니다. 어쩌면 당신이 지금처럼 아픔을 잊기 위해 발버둥치는 것
도 지극히 정상적인 범주의 반응이다. 정신적인 아픔을 어떻게든 잊
고자 노력하는 것은 사람의 기본적인 본능이기 때문이다. 상대와 만
났던 기간보다도 내 마음을 얼마나 주었느냐에 따라 헤어짐의 충격과
슬픔은 더 크게 다가온다. 그런데 그 슬픔도 결국 잠시 동안 스쳐 지나
가는 감정일 뿐이지만 마음에서 느껴지는 아픔은 상당히 크다.

사람들은 헤어지고 나면 오히려 전보다 더욱 바쁘게 지내라는 말들
을 종종 하곤 한다. 과거를 회상하고 생각을 곱씹으며 공허함을 느낄
시간을 최대한 줄이고자 하는 것이다. 그런데 오히려 바쁘게 지내면
서 나의 생각과 관심을 다른 곳으로 돌리는 편이 이별을 극복하는 데

도움이 되기도 한다. 반대로 이별 후에 혼자 고립되어 슬픈 감정에만 빠져 과거만 회상하며 지낸다면 스스로에게 독이 될 수 있다. 힘들겠지만 내 감정의 방향을 점차 긍정적인 곳으로 돌려야 한다. 내 마음을 긍정의 방향으로 생각한다면 어두워만 보이던 세상도 점차 내 생각에 따라 조금씩 밝아지게 된다. 우리는 무언가에 몰입하고 집중할 때 마치 초능력처럼 놀라운 능력을 발휘한다. 다시 말하지만 우리가 생각하고 상상할 수 있다는 것은 보이지 않는 하나의 세상을 창조하는 것과 같다. 이 세상도 결국은 인간의 상상력으로 만들어진 현실이기 때문이다. 그러니 당신이 꿈꾸는 당신의 미래 모습을 긍정적으로 상상해보자. 앞으로 누군가를 만나 행복해진 당신의 모습과 다양한 방면에서 성공을 거둔 당신의 미래를 말이다. 작은 생각의 변화는 곧 나 자신이라는 우주 전체의 변화를 만든다. 그만큼 우리 생각의 힘은 강력하다. 우리는 의지가 있다면 사실 해내지 못할 일은 없다. 얼마나 그 생각이 간절하느냐에 따라 이루어지는 속도가 달라질 뿐 결국은 포기하지 않으면 목표를 달성할 확률이 높다. 당신이 다시 웃음을 찾고 행복한 미래를 살아가는 것도 지금 당신이 하고 있는 작은 생각에 그 미래가 달려 있다. 생각의 작은 걸음도 계속 걸어가다 보면 큰 변화를 만들어내듯 지금부터라도 긍정적인 마음으로 내 생각과 감정의 방향을 바꿔보도록 하자. 분명 머지않아 그 생각과 감정대로 내 삶이 흘러가는 것을 발견할 수 있다.

29

마음의 상처가 다
아물기 전까지

마음의 상처라는 것은 자신의 생각대로 쉽게 치유되지 않는다. 그냥 신경을 안 쓰면 무감각해질 수 있어도 문득 이전의 기억이 떠오르면 다시금 가슴이 저릿하기 마련이다. 이별을 겪고 나면 함께했던 추억들과 시간들이 현재형에서 과거형으로 바뀌어버리기 때문에 그로 인해 정신적인 충격을 받지 않는다는 것은 굉장히 어려운 일이다. 이 과정에서 우리가 한 가지 알아야 할 중요한 사실은 내 마음과 감정을 내 마음대로 할 수는 없기에 절대 조급할 필요가 없다는 사실이다. 그저 시간이 지나가면서 자연스레 잊히면 상처는 조금씩 아물기 마련이다. 그러니 이별 때문에 힘들어하는 나 자신을 나약하다고 스스로 질책하지는 말자. 이별하고도 시간이 꽤 지난 것 같은데 "왜 나는 아직도 이렇게 힘들지?"라는 자괴감을 갖는 경우가 있는데 이건 사실 본인

의지만의 문제가 아니다. 사람은 각자마다 성향도 다르고 느끼는 감정도 다르다. 그렇기 때문에 보통 정이 많거나 마음이 여린 사람들은 이별을 겪고 나서 상당히 오랜 기간 동안 힘들어하는 경우가 많다. 마음의 상처는 사실 겉으로 드러나지 않기 때문에 상처의 크기와 고통은 본인밖에 알 수 없다. 그렇기 때문에 마음의 상처가 답답하고 힘들어할 수밖에 없는 이유는 남들이 보기에는 그 사람이 느끼는 아픔의 크기를 눈으로 보거나 자각할 수 없기 때문이다. 그렇게 이별의 아픔을 공감 받을 수 없다는 생각이 들면 사람은 스스로 더욱 고립감을 느끼게 되며 남들의 시선에서 자신을 단절시킨다. 남들에게 피해를 주고 싶지 않은 성향의 사람들은 자신의 감정 때문에 남을 우울하게 만드는 것도 싫고 가끔은 한두 번 친구들을 만나 이야기도 해보지만 결국에 본인의 감정을 온전히 이해해줄 수 있는 사람은 없다는 것을 깨닫게 되면 누군가에게 하소연하는 것을 멈추게 된다. 힘들 때일수록 누군가에게 도움을 청하고 싶은 마음임에도 불구하고 결국엔 힘들 땐 나 혼자서 짊어져야 한다는 사실을 알려주는 사람은 아무도 없다. 그저 그렇게 버텨가며 앞으로 나아갈 뿐이다.

　당신은 지금 정말 힘든 시간을 보내고 있지만 당신은 어디에서나 굉장히 소중한 존재라는 점을 잊지 않았으면 좋겠다. 이 세상에서 가장 소중한 사람은 바로 당신이고 인생의 주인공도 바로 당신이다. 이별 후 자존감이 떨어지면 자신의 가치가 무의미한 존재로 느껴질 때가 있다. 내가 못나서 혹은 내가 뭔가 부족해서 이 사람과 헤어졌다는 생각을 할 수도 있고, 헤어짐의 원인을 자기 자신으로 돌려 확대 해석하는 경우도 있기 때문이다. 하지만 사실 이별은 말 그대로 서로가 맞지 않았을 뿐이다. 그 누구의 잘못도 없고, 설령 잘못이라고 해도 이미 헤어진 마당에 과거의 잘못이 대체 무슨 소용이 있는가? 다만 이번 이별을 계기로 스스로가 더 나은 사람이 되면 된다. 이별을 하고 나서 힘들어하는 당신에게 어떠한 위로를 한다고 해도 마음이 받아들이기 어렵겠지만 지금 겪고 있는 고통이 누구보다 힘들 거라는 생각에 필자는 공감한다. 하지만 모든 것은 영원하지 않듯이 아픔도 결국 시간이 지나면 서서히 줄어든다. 지금 하루하루가 힘들고 너무 고통스러워도 결국 시간이 지나 당신은 행복해질 것이며, 더 좋은 사람을 만나게 될 것이다. 어떠한 상처라도 결국에는 아물게 되어 있다. 당신이 느끼고 있는 지금 이 시간이 낭비라고 생각하지도 말고, 너무 많은 생각도 할 필요가 없다. 그냥 내 마음의 상처가 아물 때까지 잠시 쉬고 간다고 생각하자. 생각을 비우고, 내 마음을 있는 그대로 돌보아주자. 당신에게 가장 필요한 것은 마음의 쉼이다.

30

생각의 흐름

이 세상의 모든 일은 원인과 결과가 있다. 결과가 좋은 경우도 있지만 때로는 좋지 않을 수도 있다. 우리가 만약 좋지 않은 일들을 접했을 때 어떠한 태도로 그것을 마주하느냐에 따라 앞으로 당신 삶의 미래는 달라진다. 사실 우리가 경험하는 모든 새로운 것들은 항상 교훈을 남긴다. 안 좋은 경험에서도 반드시 얻는 것들이 있다. 인생의 지혜는 결국 삶의 경험에서 나오기 때문이다. 좋은 사람을 판단하고 가려내는 것도 사람을 만나본 경험이 쌓일수록 좀 더 쉽게 분간하기 쉬운 것처럼 때로는 우리에게 좋은 영향을 미치지 않는 경험들도 우리의 내면을 더 단단하게 하고, 성숙하게 만든다. 그렇기 때문에 모든 경험과 심지어 아픔조차도 나의 성숙을 위한 과정으로 생각하고 감사하는 마음을 갖는 것이 스스로의 발전과 행복을 위해 가져야 할 마인드이다. 물론 사실 아픔과 힘듦을 감사함으로 극복하는 일은 생각처럼 쉽지는 않다. 그렇지만 그러한 마음을 가지고 계속 반복하여 되뇌는 것이 중요하다. 결국 우리는 의식 속에서 무의식을 만들어내는 존재이기에 의식적으로 반복되는 생각은 곧 무의식으로 가져가게 된다. 감사하는 마음도 사실 습관을 통해 만들어낼 수 있는 것이다. 이별 후 대부분의 사람은 모든 것을 대하는 태도에 대해 절망적으로 부정적인 생각을 갖게 된다. 당장 내가 힘들고 감정적으로 천국과 지옥을 오가다 보니 평소처럼 안정적인 정신상태를 갖기 어려운 것은 당연하다. 그렇지만 부정적인 감정이 든다고 해서 계속 그것을 상상하고, 반복해서 생각한 다면 점점 더 힘들어지는 것은 본인이다. 무의식의 흐름을 따라가면 자꾸 부정적인 방향으로 생각을 전환하려 할 것이다. 하지만 당신은 의식적으로 충분히 감정의 방향을 전환할 수 있다. 이 슬픔과 이별이 있기에 나는 앞으로 더 좋은 사람을 만날 수 있는 경험을 얻었고, 그러한 만남과 행복을 준 전 연인에게 감사함을 갖는 것이다. 그 이별이 깔끔한 결말이었거나 혹은 끝이 아픈 새드엔딩이더라도 당신은 분명 그 경험을 통해 예전보다 더욱 단단하고 성숙한 사람으로 변할 수 있음은 분명하다. 나의 생각을 절망 속에 계속 빠뜨려 두느냐 혹은 그 절망에서 꺼내서 다시 빛으로 걸어가느냐는 당신의 생각에 달렸다. 생각을 컨트롤하는 것이 결코 쉬운 일은 아니지만 방향성을 잡고 그 방향으로 가도록 노력하는 사람과 그대로 두는 사람은 천지 차이다. 그러니 지금 당장이라도 긍정적인 마음과 감사하는 마음에 한 발자국을 내디뎌라. 그것이 당신의 행복을 찾고 건강한 마음으로 다시 회복하기 위한 가장 최선의 방법이다.

Chapter 4

마음 정리

31

내 마음의 방
비우기

　이별을 하고 나서 가장 어려운 것이 바로 마음 정리다. 내 마음이 회복된다면 다시 행복하게 일상을 즐기면서 친구들도 만나고 예전처럼 지낼 수 있을 것 같은데 마음이라는 것은 내 마음처럼 흘러가질 않는다. 오랫동안 만나왔고, 사랑했고, 추억과 기억들이 너무나도 많이 남아 있는 상태에서 하루아침에 그 모든 기억이 쉽게 잊힐 리는 없기 때문이다. 내가 기억상실이라도 걸렸으면 하는 마음이 들 때도 있겠지만 기억이라는 것은 결국 시간 앞에서 서서히 잊히게 되어 있다.

　내 마음의 방을 비우는 과정은 스스로 조금씩 안정과 여유가 생기면서 회복이 될수록 점차 빠르게 진행된다. 사실 이 과정 속에는 혼자만의 마음 정리가 필요하다. 누구나 이별의 정리와 새로운 시작은 서로 공존할 수 없다. 왜냐하면 둘 중 하나는 확실히 끝내야지만 하나에 집중할 수 있기 때문이다. 어중간하게 이별의 아픔이 힘들다고 다른 사람을 만나게 되면 새로운 사람에게 애꿎은 상처를 주는 경우도 생길 수 있다. 나의 공허함을 채우기 위해 아직 마음 정리가 끝나지 않은 상태로 누군가를 만나면 온전히 그 사람에게 마음을 주기가 어렵다. 설령 그렇게 누군가를 만나서 당신의 외로움을 잠시 잊을 수는 있어도 상대에게 받은 사랑만큼 다시 돌려주는 일은 무척 버거울 수 있다. 사랑은 서로 간의 상호작용이기 때문에 당신이 받는 것이 있다면 주는 것도 있어야 하는 법이다. 그런데 나의 외로움을 채우기 위해 만난 상대에게는 당신이 마음을 건네줄 여유가 부족해진다. 상대는 오직 사랑이라는 감정에 에너지를 쏟지만 나는 아픔에 대한 회복과 사랑 두 가지에 에너지가 분산되고 있기 때문에 온전하게 상대에게 집중하기가 쉽지 않다.

이별의 아픔을 정리하고 치유하는 것은 내 마음이 온전하게 평온해질 수 있을 때까지 나 자신을 바라봐 주는 것이다. 있는 그대로 나 자신을 이해하려 노력하고 내 감정을 객관적으로 바라보았을 때 내 현재 감정 상태에 대해서도 조금 더 이해할 수 있게 된다.

과거의 추억 속에서 자신을 연민하여 시간을 흘려보내는 일은 이별한 사람이라면 누구나 하는 생각이기도 하다. 하지만 내가 그때 이랬더라면, 저랬더라면 후회와 생각을 반복하는 것은 전혀 도움이 되지 않는다. 중요한 것은 지금 당신의 마음이 온전하게 평화롭고 회복되어야 한다는 점이다. 그래야 당신이 마음의 안정을 찾고 행복할 수 있

다. 그러기 위해서는 지나간 과거를 곱씹기보다는 나 자신의 내면을
감싸주고 이해하는 시간을 가지면서 현재 내 마음을 정리해보는 게
어떨까?

32

인연의 고리를
끊어낼 결심

　누군가와의 인연을 끊는다는 것은 정말 쉽지 않은 일이다. 예전의 익숙한 기억, 시간, 공간, 향기는 그 사람을 떠올리게 만든다. 그렇게 내 삶에서 가장 중요해진 한 사람이 없어지고 다시 예전의 나로 돌아가기까진 적응할 시간이 필요하다. 인연의 고리를 끊어내는 것은 단순히 헤어짐으로써 상대를 떠나보내는 것도 있겠지만 가장 중요한 건 내 마음으로 그 사람과의 이별을 받아들이는 것이 중요하다. 현실은 헤어졌는데 마음은 아직 이별을 실감하지 못하거나 아직도 그 사람을 그리워하고 있다면 아직 상대를 떠나보내지 못한 이별 상태를 겪고 있는 것이다. 누군가와 헤어지고 정말 가슴 아프고, 괴로운 마음은 이해한다. 하지만 당신 스스로의 행복을 위해서라도 마음의 확고한 결심을 해야 한다. 현실을 직시하지 못한 채 마음만 계속 방황하고 그리

위한다면 아무것도 남아 있는 것이 없다는 것을 받아들여야 한다. 누군가는 재회에 성공했다는 이야기에 나도 그럴 수 있지 않을까라는 생각을 하고 있다면 차라리 정말 후회 없이 재회를 위해서 노력해라. 그렇게 후회 없이 모든 말과 행동을 하고 나면 최소한 미련은 남지 않을 테니까 말이다. 재회를 하고자 선택함에 있어서 상대가 정말 좋은 사람임에도 불구하고 나의 과실로 그 사람을 떠나가게 만들었다면 후회 없는 선택일 수도 있지만 서로가 맞지 않음을 알고 있음에도 불구하고 외로움과 만나왔던 정 때문에 재회를 하고 싶은 거라면 조금 더 신중히 고민해보고 판단하는 것이 좋다. 지금 당장은 힘들고 괴로워도 시간이 지나면 오히려 서로를 위한 이별이었음을 깨닫는 경우도 있기 때문이다.

살다 보면 다양한 이성들을 만나고 그중에서 "내가 결혼할 배우자는 과연 누구일까?"라는 궁금증도 생긴다. 연애를 하다 보면 이 사람과는 나랑 잘 맞는 것 같았지만 결국 헤어졌다면 정말 그 정도의 관계였던 것이다. 지나간 사람에 대해서는 사실 별다른 의미를 부여할 필요가 없다. 정말 결혼까지 이어질 관계라면 어떠한 일이 있어도 결국 인연의 끈은 계속 이어지며 쉽게 헤어지는 상황은 오지 않는다. 그리고 억지로 관계를 유지하려 해도 자연스럽게 멀어지는 사람이 있는 반면에 멀어지려고 해도 어떻게든 가까워질 수밖에 없는 사람이 있다. 그렇게 사람의 만남은 나와 결이 맞는 사람이 존재한다. 현실적이고 마음 아픈 이야기일 수 있지만 떠나보낼 사람은 그냥 그대로 흘러가는 대로 인연을 놓아주는 것도 서로의 행복을 위한 현명한 선택일 수 있다.

33

이별을 바라보는
관점

　이별은 사실 따지고 보면 전 연인과 당신은 연인 관계만 헤어졌을 뿐 하늘 아래 어딘가에 살고 있는 것은 이전과 같다. 그러니 다시는 만날 수 없는 영원한 이별을 맞이한 것은 아니다. 생각을 조금만 바꿔보면 삶의 죽음으로 이별을 맞이한 것이 아님이 얼마나 감사한 일인가? 단순히 이별을 이야기하는데 무슨 죽음까지 이야기하느냐고 생각할 수 있겠지만, 생각의 관점을 바꾸면 내가 처한 이 상황이 그렇게 나쁘지만은 않은 상황인 것을 알 수 있다. 연애를 통한 이별은 슬프지만 슬프다는 감정 하나만으로 마무리될 수 있는 관계이기 때문이다. 내가 가장 힘들고 세상에 홀로 남은 비련의 주인공 같아도 그것보다 훨씬 더 힘든 일을 겪으며 이겨내고 있는 사람들도 있다. 만약 지금 당신이 이별을 한 지 얼마 되지 않았다면 당신에게 무엇보다 필요한 것은 이

상황을 받아들이는 관점의 변화이다. 같은 조건의 상황에서도 한없이 절망할 수도 있는 반면 오히려 이 정도의 아픔으로 그 사람과 이별할 수 있음에 감사할 수도 있다. 내가 어떻게 이 상황을 받아들이느냐에 따라 견디기 힘든 아픔과 고통의 시간들로 느껴질 수도 있고, 반대로 헤어졌지만 아름다운 추억만은 서로 간직할 수 있음에 만족하고 잠시 나만의 시간을 보낼 수 있음을 감사하는 마음으로 지낼 수도 있다.

슬픔도 사랑도 상대적인 관점으로 바라보았을 때는 그 크기는 제 각각 다르다. 아픔의 크기는 물리적으로 눈에 보이지는 않지만 같은 크기라도 받아들이는 사람에 따라 느끼는 아픔도 다를 것이다. 우리가 어렸을 땐 아주 작은 상처에도 굉장히 겁먹고 통증을 크게 느낀 반면 성인이 된 지금에서는 웬만한 상처에도 눈물을 흘리는 경우는 거의 없다. 그만큼 상처에 대한 통증을 많이 겪어보기도 했고, 처음 겪어보는 경험이 아니기 때문이다. 그렇게 아픔이라는 것은 반복된 경험을 통해 무뎌지기도 한다. 이별할 때도 처음 겪는 이별은 그 어느 때보다 가장 아프고 힘들다. 이 아픔을 어떻게 추슬러야 하는지도 모르고 그저 불안함과 두려움 속에서 견뎌내야 하니 작은 슬픔이라도 더욱더 크게 느껴진다. 그렇게 경험을 통해 내면이 단단해지면 웬만한 아픔 정도는 충분히 견딜 만한 마음의 보호막이 생긴다. 살면서 꼭 겪어야 할 이별이라면 마치 어떠한 위기를 극복하는 것과 같이 그 위기를 기회로 만드는 생각의 변화를 통해 보다 지혜롭게 대처할 수 있었으면 한다.

34

더 이상 과거 속에서
살지 않기

    인간은 추억할 수 있기에 축복받은 존재라 하지만 내가 원치 않는 기억들도 회상할 수 있다는 점은 아이러니하게도 우리의 기억은 양날의 검과 같다. 아팠던 기억들을 회상할 때면 그 기억이 마치 현재 느끼는 아픔처럼 전해진다. 사실 이별 후에 자신을 괴롭히는 것은 결국 내가 떠올리는 과거의 기억 때문이며, 그 기억을 꺼낼수록 되레 스스로만 더 힘들어질 뿐이다. 당신이 무언가 좋지 않은 생각이 들 때면 잠시 생각을 멈추고 눈을 감은 상태로 크게 숨을 쉬어보자. 아무 생각도 하지 말고, 어떠한 감정도 느끼지 말고 그저 가만히 있어 보는 것이다. 내 주변의 일들은 모두 잊고 그저 세상에 나의 존재만을 떠올려보자. 내 주변의 일들을 잊고자 생각하면 쓸데없는 걱정, 인간관계, 회사 업무 등 내가 해야 할 무언가에 항상 쫓기는 감정과 의무감으로 인해 정신적으로 홀가분하게 쉰 적이 없었던 나 자신을 느끼게 된다. 우리는 단순히 지금 느끼는 감정과 생각에 매번 끌려다니게 되면 당신은 끊임없이 의식의 흐름대로 감정에 휩쓸려 온전한 휴식을 가질 수가 없다. 늘 걱정이 많고 마음이 불안하다면 반드시 생각을 자주 비워내는 연습이 필요하다.

그렇다면 한번 현재의 상황을 가만히 생각해볼 필요가 있다. 당신은 이별을 했지만 전쟁이 일어난 것도 아니고 지금 누군가 생명이 위태로운 것도 아니다. 당신은 지금 앉아서 책을 보고 있으며, 단지 이별 때문에 정신적인 상처를 받았을 뿐이다. 현재의 이 상황이 과연 인생에서 회복 불가능한 상황으로 느껴지는가? 지금의 상황을 스스로 너무 심각하게 생각할 필요가 없으며, 헤어진 사람이 무엇을 하든 이젠 신경 쓰지 말자. 당신 삶에서 지나간 사람일 뿐이며, 당신은 태어나면서부터 원래 혼자였다. 당신은 살면서 수없이 많은 인간관계를 맺게 되고 사랑도 하게 될 것이다. 그런데 고작 몇 번의 사랑에 절망하고 좌절해서는 안 된다. 이번엔 정말 너무나 사랑했던 사람이라 당신의 삶에서 공백이 크게 느껴진다고 생각할 수도 있다. 하지만 지금 와서 후회한들 무슨 소용이 있는가? 이왕 헤어진 거라면 확실하게 마음을 접고 돌아서야 한다. 이제는 앞으로의 내 미래를 위해 지금의 나 자신을 돌보아야 한다.

당신은 충분히 좋은 사람을 만날 수 있는 능력과 자격이 있는 사람이다. 그러니 너무 걱정하지 말고 나 자신을 먼저 챙기고 마음을 긍정적으로 변화시켜라. 긍정적인 감정과 생각은 당신을 분명 더 좋은 방향으로 인도할 것이다. 생각이 마음처럼 쉽지 않더라도 과거의 우울함에 사로잡혀 있는 당신의 마음을 조금씩 긍정의 감정으로 돌려놓는 연습을 한다면 분명 머지않아 이별을 극복하고 다시 예전처럼 웃을 수 있는 날이 반드시 찾아온다.

35

생각의 힘

    우리는 현재 가장 중요하다고 생각되는 일을 계속해서 떠올리는 습성이 존재한다. 자신의 가장 큰 관심사에 대해서는 그만큼 많이 생각하고 시간을 할애한다. 이별 뒤엔 누구나 지나간 추억들과 사랑했던 기억들을 가장 많이 떠올린다. 그 기억들은 삶에서 가장 소중하고 아꼈던 순간들이기에 마치 내가 가장 아끼던 것들을 어쩔 수 없이 버려야만 하는 기분이 허탈하고 아쉬움이 남을 것이다. 이별의 아픔은 익숙한 기억들로 하여금 현실에서 느껴지는 공허함으로 더욱 마음을 힘들게 만든다. 정신적인 아픔은 곧 우리 과거의 기억 속에서 자꾸 발현되는 것이다. 그렇다면 지난 기억들 때문에 지속적으로 느껴지는 이 슬픔을 우리는 어떻게 정리해야 할까? 가장 먼저 우리는 생각의 힘을 먼저 이해해야 한다. 사실 우리의 생각이라는 것은 꽤나 놀라운 힘을 가지고 있다. 우리는 생각하는 것만으로 어디든 갈 수 있으며, 상상하는 것만으로 현실처럼 그 기분을 느낄 수도 있다. 플라세보 효과라는 것을 들어본 적이 있는가? 플라세보 효과는 의사가 효과 없는 가짜 약 혹은 꾸며낸 치료법을 환자에게 제안했는데, 환자의 긍정적인 믿음으로 인해 병세가 호전되는 현상을 말한다. 단순히 우리의 생각을 통한 믿음만으로도 우리 신체에 미치는 영향이 분명 존재한다는 말이다.

　우리는 생각이라는 것이 정말 놀라운 힘을 가졌다는 것을 먼저 이해해야 한다. 당신이 상상하고 꿈꾸는 것만으로 앞으로의 현실이 달라질 수 있으며 어떤 것을 꿈꾸고 포커스를 두느냐에 따라 그와 관련된 일들을 끌어당긴다. 당신이 슬픔에 집중한다면 점점 더 힘들어지고 슬픔을 느낄 일들만 일어날 것이고, 다시 행복해지는 당신의 모습을 상상한다면 분명 머지않아 행복을 느낄 만한 일들이 당신에게 나타날 것이다. 사람들은 "어떤 일이든 마음먹기 나름"이라는 말을 종종 하곤 한다. 어떠한 일을 받아들이는 우리의 생각이 할 수 있다고 여기는 사람과 불가능할 것이라고 잠재적 판단을 내린 사람의 차이는 분명 극명하게 벌어진다. 할 수 있다고 생각한 사람은 어떻게든 방법을 찾을 것이고, 불가능하다고 생각한 사람은 조금만 어려움에 직면해도 쉽게 포기하게 된다. 우리는 생각의 에너지를 어디에 집중하여 쏟아내는가에 따라 내가 관심을 갖고 있는 방향으로 흘러간다. 내가 지금 긍정적인 방향에 에너지를 쏟고 있는지, 혹은 부정적인 쪽에 에너지를 낭비하고 있는지 스스로 한번 생각해볼 필요가 있다.

당장은 슬픔과 아픈 상처들로 인해 마음의 여유가 없으니 긍정적인 감정이 들지 않을 것이다. 하지만 현재의 상황을 받아들이는 당신의 생각이 긍정의 방향인지 혹은 부정의 방향인지에 따라 생각의 에너지는 반드시 내가 원했던 방향으로 흘러간다. 우리는 살면서 느끼고 경험하는 모든 상황에 대한 마음의 결정이 곧 생각의 방향을 결정하는 것이다. 그렇다면 이별 후 당신이 바라는 앞으로의 당신의 모습은 과연 어떤 모습이기를 원하는가? 이별 후 감정적으로 어려운 상황들을 마주하면서 마음을 추스르고 정리하는 데 힘든 시간을 보냈을 거라는 것을 안다. 누구나 마음 정리를 하는 일은 쉽지 않다. 서로를 사랑하며 함께 보낸 추억들이 기억 속에 남아 있기에 그것을 한순간에 지워낸다는 건 사실 어려운 일이다. 하지만 앞으로 당신의 행복한 미래와 이별을 잊고 마음을 치유하기 위해서는 조금씩 긍정적인 생각으로 방향을 전환하려는 노력이 필요하다.

36

현실을
받아들이는 법

　이별은 모두가 경험하는 삶의 한 부분이다. 그것은 아픔과 슬픔을 동반한 시간이기도 하지만, 동시에 새로운 성장의 기회를 안겨준다. 이별을 현실로 받아들이는 가장 첫 단계는 그 감정을 솔직하게 받아들이는 것이다. 그 감정들을 억누르지 말고 허용해주는 것이 중요하다. 슬픔, 분노, 실망과 같은 다양한 감정이 뒤섞일 수 있다. 그럴 땐 눈물을 흘리고 슬픔을 느껴도 괜찮다. 내 감정을 부정하지 말고 오히려 받아들이며 나를 형성하는 일부분임을 이해해야 한다. 충분한 슬픔을 느끼고 받아들인 후 나 자신만의 시간을 갖는 것도 중요하다. 혼자만의 시간을 갖고 자신을 돌보며 그 감정들을 탐구하고 수용할 수 있는 기회를 만들어야 한다. 하지만 이 과정에서 지나친 자화상에 빠져 자신을 비난하거나 상처 주는 말을 하지는 말아야 한다. 이별은 감정적으로 힘든 시간일 수 있지만, 이것을 받아들이고 극복하기 위해서는 스스로를 이해할 수 있는 시간이 필요하다. 이별을 하고 나면 자존감이 흔들리는 경험을 하게 된다. 이러한 과정에서 스스로를 가치 없는 존재로 여기는 경우가 많다. 하지만 오히려 자신을 돌보고 사랑하는 것부터 시작해야 한다. 이별 후 스스로를 사랑하는 것은 자기 존중과 자기 안에 깊이 뿌리를 내리는 것이다. 나 자신에게 친절함과 이해심을 갖고 대해야 하며, 몸과 마음에 충분한 휴식을 제공하는 것도 필요하다.

마지막으로 이별 후에는 새로운 시작을 위한 준비가 필요하다. 이별은 곧 새로운 가능성의 문을 열어준다. 그 가능성을 받아들이고 새로운 시작을 위한 자신의 에너지를 모으는 것도 중요하다. 상대와 함께했던 시간이 소중했음을 기억하되, 앞으로의 삶을 위해 나아가야 한다. 그러기 위해서는 현실을 받아들일 수 있는 마음의 수용이 필요하며 당신이 과거에 사랑했던 상대를 다신 볼 수 없다고 해도 내 삶이 망가지지 않고 다시 시작할 수 있음을 받아들였을 때 새로운 출발을 위한 첫걸음을 내디딘 것이다. 미래에는 우리가 상상하는 것보다 그 이상의 가능성을 지니고 있으며 당신을 사랑해줄 수 있는 좋은 사람은 분명 존재한다. 지금 당장은 별다른 변화가 없다고 해도 부정적인 태도로 미래를 바라보지 않도록 해야 한다. 이별이라는 것은 절대 당신 혼자만 겪는 것이 아니다. 살다 보면 누구나 사랑하고 헤어짐을 겪기도 한다. 헤어짐이 두려워 사랑을 하지 못한다면 이만큼 바보 같은 일이 있을까? 그러니 더 이상 슬픔 속에서 헤매지 말고 나 자신을 사랑하고 돌보면서 자신의 가치를 인식하고 긍정적인 변화를 만들어야 한다.

37

추억은 그저 지나간
기억일 뿐

    살다 보면 가끔 과거에 찍었던 사진첩을 꺼내 볼 때가 있다. 그럴 때마다 사진들을 보며 당시의 추억들과 옛 기억을 더듬어보게 되고, 그때의 내 모습을 떠올린다. 시간이 흘러가면서 과거의 기억들은 옛 사진처럼 때때로 꺼내 보는 추억으로 자리한다. 슬프고 즐거웠던 모든 경험은 결국 추억이 되어, 그저 가끔씩 떠올리게 되는 인생의 에피소드가 된다. 삶의 여정에서 상실을 겪는 것은 굉장히 힘든 일이지만, 시간이 흐르면 결국 마음의 상처도 서서히 치유되고 안정을 찾는다. 세상에 상실의 아픔을 경험하지 않은 사람은 아무도 없다. 누구나 시련과 아픔을 통해 성숙해지고 나아가며, 이를 통해 더 강해지고 깊이 있게 삶을 이해하게 된다. 이러한 경험들이 우리를 더욱 성장시키고, 더 나은 자신으로 만들어준다.

이별의 흔적들은 우리 삶에 남아 있는 지나간 기억이다. 그런 추억은 아름답고 행복한 순간으로 남기도 하지만, 때로는 아픔과 슬픔으로 떠오를 수도 있다. 하지만 이 모든 기억은 우리가 성장하고 변화할 수 있도록 영향을 미치는 중요한 부분이다. 우리는 추억을 통해 지나온 시간을 회상하고, 과거의 경험을 돌아볼 수 있는 기회를 얻는다. 그 경험들은 우리를 성숙하게 하는 원동력이 되며 삶에서 중요한 이정표가 되어 미래를 향한 더 나은 방향을 제시해준다.

이별은 슬프기도 하지만 아이러니하게도 우리에게 감사한 마음을 주기도 한다. 함께 보냈던 소중한 시간들은 우리로 하여금 추억에 대한 애정과 감사의 마음을 더욱 깊게 느낄 수 있게 만들며 우리가 공유했던 경험과 감정을 되새길 수 있도록 해주는 삶의 일부분이다. 우리는 이를 통해 함께한 시간의 가치를 감사히 여기게 된다. 이처럼 이별이라는 과거의 기억을 통해 우리는 앞으로의 삶에 대한 가능성을 발견할 수 있다. 사랑했던 추억들은 우리가 더 나은 사랑과 행복을 찾을 수 있는 희망이기 때문이다. 과거의 기억은 우리 삶의 한 부분이며, 우리가 누구로 성장하고 무엇을 원하는지에 대한 지표이다. 그러므로 이러한 추억들을 소중히 여기고, 그것들을 통해 더 나은 모습으로 성장하는 스스로가 되었으면 한다.

38

이제 나의 행복에
집중하기

사람들은 누구나 나의 행복을 가장 중요하게 생각한다. 행복하기 위해서 돈을 벌고, 여행도 가고, 맛있는 음식도 먹으면서 인생에서 기쁨을 누리고 가끔은 SNS를 통해 잘 살고 있는 내 모습을 보여주기도 한다. 그렇게 행복을 소중하게 생각했던 내가 누군가와 사랑을 하고 이별을 하며 상실이라는 아픔을 경험하게 된다. 분명 더 행복하기 위해서 선택한 만남이었지만, 되레 이별의 아픔으로 돌아오게 될 줄은 몰랐을 것이다. 누군가를 사랑할 때 이별을 예상하고 만나는 사람은 없듯이 대부분의 사람은 상대에 대한 마음 정리조차 하지 못한 채 이별을 겪게 되는 경우가 많다. 예상하지 못한 이별은 더 큰 슬픔과 충격으로 다가올 수밖에 없다. 행복했던 시간만큼 아쉬움과 슬픔의 크기는 비례한다. 이별을 하고 나면 서로를 아껴주고 사랑했던 마음도 뒤

로한 채 나 자신만 남는다. 그렇기 때문에 이별 뒤에는 스스로를 위로해주고 사랑해주며 내 마음을 돌보아야 한다. 공허하고 상처받은 내 마음을 제일 잘 이해하고 보듬어줄 수 있는 사람은 오직 나 자신이기 때문이다.

헤어지고 나서 우리는 주변 지인에게 이별의 아픔을 털어놓고, 위로를 받기도 한다. 누군가가 위로해주는 말에 가끔은 의존하고, 위로를 받아야만 하루를 버틸 수 있을 것만 같은 정신적인 불안감을 경험하기도 하는데 타인에게 받는 위로는 매우 일시적인 마음의 안정을 준다. 잠시나마 정신적으로 괜찮아진 것 같은 느낌은 들지 몰라도 정작 내 마음속 깊은 곳에서는 아직도 슬픔이 가득하다. 근본적인 이별의 아픔을 치유하기 위해서는 스스로가 이별의 아픔에서 벗어나야 한다. 그러기 위해서는 나 자신의 내면과 마음을 스스로가 다시금 돌아보고 현재 내 마음이 어떤지 정확하게 이해해야 한다. 우리는 타인의 감정과 생각을 이해하고 공감해준 적은 있어도 내 마음을 주의 깊게 들여다본 경험은 상대적으로 적은 경우가 많다. 이별 후의 시간은 오롯이 나 자신을 다시 돌아볼 수 있는 기회이다. 평소 나 자신을 자세히 들여다본 적이 없었다면 이별 후 더 힘들어하고 불안해하는 경우가 많다. 그렇다면 "내 마음을 돌봐준 적이 별로 없었구나."라는 이해를 통해 나 자신을 좀 더 알아갈 수 있는 시간을 가져보는 것이 좋다. 정신적으로 많이 힘들고 지치는 상황이겠지만 현재의 슬픔 때문에 너무 상심하고 불안해할 필요는 없다. 사람은 누구나 다 같은 이별의 과정을 겪는다. 저마다 이별의 아픔은 차이가 있겠지만 지금 이 순간에도 헤어짐으로 인해 아픔을 겪고 있는 사람들은 수없이 많다. 그러니 나 혼자만 아파하고 있다는 생각에 빠져 절망하지는 않았으면 한다. 생각이 감성적으로 빠져들수록 부정적인 생각들을 반복해서 떠올리게 되고 정신적으로 더욱 힘들어진다. 그러니 현재의 생각을 다른 쪽으로 돌리고 주기적으로 환기할 수 있도록 노력해야 한다. 당신이 과거의 아픔을 회상하고 있다면 꼭 이 말을 해주고 싶다. 왜 일부러 아픈 기억을 자꾸 꺼내 보며 마주치는가? 상처 난 부위에 붙인 밴드를 얼마나 나았는지 궁금하다고 자꾸 떼어 봐야 회복만 더딜 뿐이다. 상처에 충분히 약을 발라주었다면 그대로 두는 것이 나은 것처럼 우리 마음도 그렇다. 내 생각을 굳이 상처에 집중하지 않아도 시간이 지나면 자연스럽게 회복된다. 그러니 아픔보다는 내 마음의 치유와 행복에 집중하는 것이 근본적인 이별의 아픔을 극복하는 방법이 될 수 있다. 물론 내 생각을 컨트롤하는 것이 쉽지 않다는 것을 잘 안다. 하지만 힘들더라도 노력하는 사람과 흘러가는 내 감정의 늪에 빠져 아무것도 하지 않고 허우적거리는 사람의 차이는 크다. 이별의 슬픔으로 인해 가슴이 아프겠지만 나 자신을 이해하고 상실의 감정을 수용하면서 생각을 긍정적으로 조금씩 변화하고자 한다면 분명 새로운 시작을 향해 나아갈 수 있을 거라 확신한다.

39

슬퍼하기엔
너무 소중한 당신

이별 후 대부분은 자존감이 떨어지는 경험을 하곤 한다. 누군가와 관계 유지에 실패했다는 좌절감과 그 원인이 나의 결점으로 인해 비롯된 것 같은 생각 때문이다. 하지만 누군가를 만나서 사랑을 키우며 서로 노력하더라도 이별을 맞이할 수도 있는 것이기에 오직 나 하나의 결점만으로 관계가 틀어졌다는 생각은 옳지 않다. 우리가 살아가면서 평생 동안 각자 다른 삶을 살던 이성이 만나 서로 끌림을 느끼고 가치관과 모든 면에서 잘 맞을 확률은 혈연이 아닌 타인과의 DNA 유전자가 몇백만 분의 1의 확률로 일치하는 것과 같다. 그만큼 나와 모든 면에서 잘 맞는 사람을 만난다는 것은 결코 쉽지 않으며 꿈꾸던 이상형을 찾고자 한다면 평생을 찾아도 찾지 못할 확률이 높다. 그렇기 때문에 내가 생각했던 이상형과 조금은 다른 사람을 만나더라도 서로 이해해주고 맞춰가는 과정을 통해 사랑을 키워나가는 것이 필요한 것이다.

하지만 서로의 가치관과 인생을 살아가는 방식의 차이가 크다면 제아무리 노력으로 맞춰보려 해도 한계가 있는 법이다. 사람은 누구나 각자의 개성이 있고, 본인만의 주관이 있기 때문에 나와 잘 맞는 사람은 분명히 존재하며 반대로 잘 맞지 않는 성향도 있을 수 있다. 사랑은 그렇게 수많은 시행착오를 통해 내 운명의 짝을 찾아가는 과정이며, 그 과정에서 겪게 되는 이별은 우리 스스로를 그전보다 성숙하게 하는 경험이 된다. 그러니 설령 이별을 하더라도 서로가 다름을 이해하고 받아들였기 때문에 이별한 것이며, 어느 한쪽의 결점으로 인해 이별한 것이 아니다. 사람의 결점이라는 것은 본인에게는 결점으로 보일 수도 있지만, 다른 사람에게는 장점으로 보일 수도 있기에 주관적이며 상대적인 것이다.

사람은 태어나서 누구나 슬픈 일도 겪고, 행복한 일도 겪는다. 비 오는 날이 있으면 해가 뜨는 날이 있듯이 날씨와 계절의 변화처럼 우리의 삶도 이와 다르지 않다. 그저 자연스럽게 변화를 받아들이면 된다. 잠깐 소나기가 온다고 해서 세상이 무너지지는 않는다. 잠시 비를 피하고 기다리다 보면 날씨는 다시 좋아지기 마련이다. 이러한 자연의 섭리처럼 우리의 감정 또한 잠시 어두울 수는 있어도 시간이 지나면 반드시 밝은 날이 온다. 그러니 비가 온다고 해서 너무 우울해하지 말고, 가끔은 비가 오는 날씨도 있다는 것을 받아들일 필요가 있다. 비

오는 날 카페에서 분위기 있게 커피를 마셔본 적이 있는가? 오히려 날씨가 맑을 때보다 비가 오는 날 책을 보거나 음악을 듣는 것이 더 좋을 때도 있다. 우리의 행복을 결정짓는 요소는 어떠한 상황이 만드는 것이 아니라 그 상황을 받아들이는 우리의 태도가 결정한다. 사람에 따라 같은 상황을 긍정적으로 받아들일 수도 있고, 부정적인 상황으로 느낄 수도 있다. 결국 모든 행복은 내 마음가짐에 달려 있는 것이다. 그렇기에 우리는 항상 감사하고 긍정적인 마음 태도를 유지해야만 한다. 마음의 태도 또한 습관이기 때문에 긍정적으로 사고하는 마음을 기르면 일상생활에서도 긍정적인 에너지를 가질 수 있다. 자주 사용하는 긍정적인 언어와 생각을 통해 마음을 올바르게 유지한다면 주변 사람들에게도 밝은 에너지를 전달할 수 있으며 어려운 시련이 찾아오더라도 긍정적으로 극복하고 삶의 여정에서 더 나은 방향으로 나아갈 수 있는 힘이 된다.

우리가 느끼는 감정과 행복은 사실 매우 주관적이다. 당신이 만약 의식주도 해결하기 힘든 상황에 처해 있다면 그것을 유지할 수 있는 것만으로도 감사함과 행복함을 느낄 수 있다. 하지만 우리보다 더 풍요롭고 더 가진 사람들과 자신을 항상 비교하곤 한다. 이러한 생각은 상대적인 박탈감을 느끼게 하며, 내가 지금 누리고 있는 것들에 대해 부족함으로 느껴지게끔 만든다. 분명 내가 가진 것은 동일함에도 불구하고 내 생각의 변화로 인해 만족감과 행복감에 대한 평가의 기준이 달라지게 된 것이다.

그렇다면 지금 이 순간 생사를 넘나드는 사람들과 당신을 비교한다면 당신은 단지 이별을 겪었을 뿐이다. 이를 상대적으로 비교한다면 당신이 겪고 있는 것은 고작 이별뿐인 것이다. 마음만 회복한다면 얼마든지 다시 연애할 수도 있고, 좋은 사람을 만날 수도 있다. 그 자체만으로도 인생의 기회를 충분히 가진 당신의 상황에 오히려 감사한 마음을 가져야 할지 모른다. 우리는 사소한 것부터 당연하다는 마음이 아닌 감사하는 마음으로 받아들이면 나 자신이 얼마나 행복한 사람인지 다시금 느낄 수 있게 된다. 현재 나에게 주어진 상황을 어떠한 태도로 받아들이냐에 따라 당신의 삶에 대한 만족감과 행복 또한 달라진다. 당신에게 주어진 지금 이 시간이 얼마나 소중하고 값진 것인지 깨닫고 이별을 통해 앞으로의 삶을 더 아름답고 멋지게 가꿔나갈 수 있는 계기가 되었으면 한다.

40

이별, 정리
그리고 새출발

    이별 후 마음의 상처를 받게 되면 새로운 사람을 만나는 것에 대해 두려운 마음이 생길 때가 있다. 혹은 아직 마음 정리가 되지 않아 누군가를 만나 다시 사랑할 준비가 되지 않았을 수도 있다. 이별 후 마음을 정리하기 위해서는 온전히 내 마음이 치유될 수 있는 시간이 충분히 필요하다. 그러한 시간들을 통해 나 자신을 되돌아보고 새로운 시작을 준비하는 과정을 거친다. 이러한 이별은 우리 삶에서 피할 수 없는 경험이다. 누구나 살면서 한 번쯤은 이별의 아픔을 겪게 된다. 하지만 이별은 결코 끝이 아니다. 오히려 이별은 새로운 시작을 의미할 수도 있다. 이별의 과정은 어려울 수 있지만 우리는 그것을 통해 성장하고 변화할 수 있는 기회를 가질 수 있으며, 전보다 더 나은 모습으로 나아갈 수 있다. 이별은 삶의 끝이 아니며, 사랑이 삶의 시작도 아니다. 이는 우리가 삶을 이해하고 경험하는 방식에 대한 오해일 수 있다. 이별은 오히려 새로운 시작을 알리는 종착점이며 우리에게 성장과 변화를 요구한다. 우리는 이별을 통해 스스로를 발견하고, 무엇이 중요한지를 깨닫게 된다. 이는 새로운 관점을 획득하고 삶을 더 깊이 이해하는 데에 도움을 주며 우리에게 강함과 용기를 부여한다. 이별 후 힘든 시기를 극복하고 다시 일어서는 것은 내면의 힘을 발견하고 성장하는 과정이며 우리 삶의 중요한 순간이기도 하다.

만약 당신이 이별하고 나서 얼마 되지 않았다면 나를 좀 더 되돌아볼 시간을 가지고 여행을 떠나보는 것도 추천한다. 여러 가지 복잡한 생각을 비우며 좋은 것들을 바라보고 새로운 경험을 하는 시간을 가져보는 것이다. 생각의 전환을 통해 내가 가지고 있는 부정적인 사고나 슬픔 등의 감정들을 비우고 정신을 환기시킬 수 있다. 또한, 새로운 환경을 경험하는 것은 생각과 감정을 새롭게 자극하고 변화시키는 데 도움이 되며, 생각의 전환은 나 자신을 새로운 방향으로 이끌어줄 수 있다. 이러한 변화는 과거의 상처를 떠나 새로운 시작을 준비하는 데 반드시 필요하다. 당신이 점차 마음을 비우고 새로운 관점에서 삶을 살아간다면 분명 더 많은 기회와 행복을 찾을 수 있을 것이다. 삶을 살다 보면 항상 의도치 않게 아픔을 겪기도 하고, 때로는 행복을 경험하기도 한다. 삶은 그렇게 예측할 수 없이 전개되기도 하지만 노력에 따라서 원하는 방향으로 움직일 수도 있다. 이처럼 노력과 결단을 통해 우리가 바라는 방향으로 삶을 이끌어 나간다면 당신이 겪고 있는 이별의 아픔과 마음의 상처들도 극복할 수 있으며, 새로운 시작으로 나아갈 수 있을 것이다. 이별의 아픔과 상처는 우리가 새로운 가능성을 탐색하고 성장하는 데 필요한 일부라는 것을 이해하고, 그것을 이겨내고 앞으로 나아가면 우리는 더 나은 행복과 미래를 향해 걸어갈 수 있다.

이별 약국

초판인쇄 2024년 7월 15일
초판발행 2024년 7월 15일

지은이 신민재
펴낸이 채종준
펴낸곳 한국학술정보(주)
주 소 경기도 파주시 회동길 230(문발동)
전 화 031-908-3181(대표)
팩 스 031-908-3189
홈페이지 http://ebook.kstudy.com
E-mail 출판사업부 publish@kstudy.com
등 록 제일산-115호(2000. 6. 19)

ISBN   979-11-7217-449-1   03040

이담북스는 한국학술정보(주)의 학술/학습도서 출판 브랜드입니다.
이 시대 꼭 필요한 것만 담아 독자와 함께 공유한다는 의미를 나타냈습니다.
다양한 분야 전문가의 지식과 경험을 고스란히 전해 배움의 즐거움을 선물하는 책을 만들고자 합니다.